图书在版编目（CIP）数据

内容潮：网课这么开 / 刘仕杰著 . — 北京：人民日报出版社，2021.2
　　ISBN 978-7-5115-6630-0

Ⅰ. ①内⋯　Ⅱ. ①刘⋯　Ⅲ. ①网络教学－教学研究　Ⅳ. ① G434

中国版本图书馆 CIP 数据核字（2020）第 210446 号

书　　　名：	内容潮：网课这么开 NEIRONGCHAO：WANGKE ZHEMEKAI
著　　　者：	刘仕杰
出 版 人：	刘华新
责任编辑：	葛　倩
封面设计：	观止堂
出版发行：	人民日报出版社
社　　　址：	北京金台西路 2 号
邮政编码：	100733
发行热线：	（010）65369527　65369846　65369509　65369510
邮购热线：	（010）65369530　65363527
编辑热线：	（010）65363486
网　　　址：	www.peopledailypress.com
经　　　销：	新华书店
印　　　刷：	大厂回族自治县彩虹印刷有限公司
法律顾问：	北京科宇律师事务所　010-83622312
开　　　本：	880mm×1230mm　1/32
字　　　数：	178 千字
印　　　张：	7.75
版　　　次：	2021 年 2 月第 1 版
印　　　次：	2021 年 2 月第 1 次印刷
书　　　号：	ISBN 978-7-5115-6630-0
定　　　价：	42.00 元

网课"降维",开启变现新"势"代

2016年被称为"知识付费元年"。随着得到、知乎、分答等不同模式的知识付费类产品被消费者青睐,"知识付费"这一时髦的概念彻底火"出圈"了。"知识付费"的兴起并不是昙花一现式的绽放,而是时代的浪潮和趋势,与之相关的内容创业也成为时代的"风口"。最早一批投身互联网知识经济的创业者,如今早已成为行业内的"冲浪者",罗振宇凭借《罗辑思维》吸引了千万粉丝,2015年年底,得到APP上线,而后相继推出的李翔商业内参、雪枫音乐会、刘润5分钟商学院等付费订阅专栏,成为知识付费时代的标杆,作为创业者来说,不仅赚得盆满钵满,还成了互联网内容创业的"神话"。

互联网更新迭代的速度总是令人眼花缭乱的,那么,"知识付费"行业迅速扩张的四年,时代的风口是否已经出现了新的"裂变"?"知识付费"依然方兴未艾,一路高歌猛进,内容创业依然处于互联网经济的"蓝海"阶段,而"裂变"随着"知识付费"用户群越来越复杂,越来越多元化,对内容产品的需求也越来越个性化。关注到这个变化的人便能捕捉到"知识付费"领域新一轮的"风口",即草根和大咖共同创业的"风口","新一代网课"是知识变现的必然选择,因为多元化、个性化的内容成为刚需,短小精悍而又趣味十足的"网课"备受期待却又是市场空缺。简言之,"知识付费"的大盘依旧"飘红",而作为"绩优股"的网课制作出现了新的"风口",而草根研究、全民参与、趣味创作,将成为"新一代网课"制作的主流。

"新一代网课"的最大特点是制作的多元化,包括制作人和制作内容,受传者极有可能是网课的制作者,而作为互联网内容创业的"后浪"们,想要和已经吃到互联网知识经济红利的巨头大咖们一决高下,显然要采取必要的策略,其中的秘籍便是"降维打击"。

"降维打击"出自中国科幻小说家刘慈欣的经典作品《三体》,指外星文明使用"二向箔"将太阳系由三维空间降至二维空间进行攻击的一种方式,其核心策略是将攻击目标所处的空间维度降低一个等级,攻击目标将因无法在低维度空间生存,而更容易被打击。要弄懂什么是降维,首先要了解什么是维度优势?举一个简单的例子,如果说冷兵器时代,单兵持戈作战属于"一维攻击",由多个士兵组成一伍进行"阵战"属于"二维攻击",而热兵器时代加持飞机、坦克、火炮进行的立体式打击属于"三维攻击",导弹速度与精度的完美结合属于"四维攻击",那么,"四维"对战"三维","二维"对战"一维",就具有维度优势。击败对手最好的办法是占领维度优势,因为处于同一维度，意味着双方要遵循同一法则，而站在更高的层面打击对手，往往能够实现"Big Bang"式的破坏。

那么，占领维度优势就一定能够无往不利吗？不见得！在风起云涌的互联网时代，越来越多的案例告诉我们，"占领维度优势"更容易在行业内领跑，做大做强，但"后浪"们想要后来居上，一个重要的策略便是"降维攻击"。

所谓的"降维攻击"策略，即在自身不占维度优势的前提下，迫使竞争者的空间维度降低一个等级同自己进行竞争，且利用自身在低维的优势迅速击败对手。同理，想要在"知识付费"市场占有一席之地，同早早踏入知识付费这条"巨流河"且长期深耕的大咖们竞争，在资本、团队、产品打造的精细程度、对行业的整体把控能力等方面，这些具备高维核心竞争力的"后浪"们显然不占优势，但若是从"降维攻击"的策略着手，便可以打开突破口。网课大咖们在"知识付费"领域投入的时间长且已经形成相对固化的模式和品牌定位，多是以打造"品质化"知识产品为目标的，其用户画像也多为集中在一、二线城市的白领和渴望终身学习的中等收入群体，其核心是"精英文化"。但随着"知识付费"市场的陆续下沉，对"知识付费"感兴趣的用户也不再像初期那么单一，三、四线城市的上班族，有好奇心和求知欲的小镇青年和家庭主妇等都是"知识付费"领域快速崛起的新用户群体，而此时，大的知识付费IP以及网络大咖们想要低维转型的风险和成本加大，这对于一无所有的"后浪"们而言却是天赐良机，谁能抓住新的时代机遇，抓住新的用户群体，打造出与之相契合的内容产品，谁就是新风口旗帜的占领者。新的时代机遇和新的用户群体，这些都是已经摆在面前的不可控因素，对于每一个有志于此的创作者而言都是平等的。区别仅在于谁能够眼光独到、行动力一流地打造出全新、通俗、有趣的内容型产品，"知识付费"的风口说变也不变，一直都是内容为王，说不变也变，那就是内容所需一直在变。所以，网课制作和网课变现的核心是什么？是内容！"内容潮"也将是未来很长一段时间"知识付费"领域最主流的声音。

作为互联网知识经济的第一批创业者，本人对"知识付费"领域的走向和发展一直时刻关注，网课的蓬勃发展是大势所趋，网课制作也是未来"知识付费"行业主流的变现方式，其核心的走向必然是制作人群和制作内容的多元化和个性化，这也赋予"新一代网课"无限的可能性。《内容潮：网课这么开》这本书倾注了本人多年心血，既包含本人对于互联网知识经济的心得，也纳入多年来团队网课制作的经验，本书不灌鸡汤，只出干货，不说空话，只谈策略。互联网时代"超级网课"的前景虽然一片光明，但也面临着不可避免的桎梏和挑战。

其一，网课受限于线上课堂的形式，缺少面对面的互动，因此决定了其短小精悍的形态。其最突出的特点就是在较短的时长里传递精华内容，因此主题要十分突出，内容绝对不可以泛泛而谈，而要精准具体。如何规划小而精的网课？选择合适的主题是重中之重，在分析市场需求的基础上，有针对性地开设课程。了解职场人的痛点就能开发出内容切实的商业课程，清楚大学生的短板就能设计出切实提升能力的技能课程，明白中年女性在家庭和事业之间的焦虑就能提出真正解决焦虑的处世哲学和行事原则。

其二，互联网资源如汪洋大海，要想在大量的课程和平台中脱颖而出就必须要有创新，内容上的亮点和形式上的新颖缺一不可。空有"花架子"的课程是做不长久的，真正串起整节课甚至整个系列课程的一定是具体的问题，泛泛而谈没有具体所指是绝对不可以的。解决问题的过程要讲好故事，同时故事不能平淡如水，要新奇有趣，能使人感同身受。此外，网课相较于传统课程能够通过剪辑呈现出更多的"心思"，例如：背景音乐的插入、视角的切换、更多音频视频的补充等，有新意的包装能够从观感上提升网课的质量，使其获得竞争力。

其三，网课最忌不讲干货只讲鸡汤，鸡汤虽然听着很有快感，但是对实际问题的解决没有丝毫帮助。网上课程的时长相对较短，这就要求主讲人具有把控重点和总结干货的能力，并且最重要的是给出切实可行的指导，可以是短期内的技能提升，也可以是长远的观念改变。此外，没有一门网络课程能够不靠粉丝的支持立足，成功的知识分享平台和课程节目从一开始就着重培养粉丝，积累流量，粉丝黏性、打开率、使用时间是衡量一门课程或者一个平台是否成功的重要指标。但同时也要摒弃"盲目圈粉"和"着急变现"这样吃相难看的"割韭菜"行径。"网课"二字，重点在于"课"，"网"只是其呈现的方式，紧跟潮流固然重要，但是保持初心才是长久之计。

"士不可以不弘毅，任重而道远。"这个时代给了创业者们最宽广的舞台，几千年前，才华横溢却出身普通的人只能被称作"寒士"，往往壮志难酬；现能否成为时代的"弄潮儿"，在于是否能瞄准时代的"风口"且义无反顾地站在时代的"浪头"。互联网时代风起云涌，"知识付费"的大旗依旧高高飘扬，新一轮全民参与网课制作的"浪头"已经涌来，你准备好了吗？

清风徐来——网课渐成时代潮流 / 001

资源世界大,网课无限极 / 003

聚焦大事件,多维更宽广 / 010

人人是讲师,处处是干货,时时能变现 / 025

不破不立——网课主题需要精雕细琢 / 029

"破",主题寻求"万剑归宗" / 031

"立",主题构思"神机百变" / 041

"定",主题选择"不落陷阱" / 051

蹈机握杼——网课内容应具"声色妙计" / 061

有"声",让网课"情感充沛" / 063

有"色",让网课回味无穷 / 070

有"妙计",让课程过目不忘 / 078

茅塞顿开——网课设计可代答疑解惑 / 085

问题做"针线",缝制网课"衣" / 087

把握关键"点",引爆课程"面" / 097

扣人心弦——网课设计折射精彩人生 / 105

奇——寻找看点与噱头 / 107

趣——将欢乐融入其中 / 112

境——身临其境,感同身受 / 121

直击痛点——网课设计需"干货满满" / 129

"干货"的内涵 / 132

精练干货的 4S 法 / 145

网课"变现"——粉丝经济奏响华美乐章 / 155

用户的口碑是最好的广告 / 157

用户的时间就是你的商机 / 170

扶摇直上——平台助力网课全面推广 / 181

喜马拉雅 FM / 184

荔枝微课 / 194

中国大学 MOOC / 203

他山之石——网课设计经典赏析 / 213

叶小鱼《文案实战变现特训营》/ 216

《乘风高考语文》——只为提分而来 / 222

《魔力耳朵》——聚焦儿童英语听写能力 / 225

《理财实战课:用基金定投赚足钱》——告别穷忙 / 228

后 记 / 233

清风徐来——网课渐成时代潮流

王小波曾说:"每一个时代,都是最好的时代,也是最坏的时代。"如今的大时代,一面是世界经济发展的乏力,一面是中国经济的转型。对于众多的中国企业来说,要在这样一个大的时代中稳步前行,势必要做出顺应时代发展的变化——企业或个人的经营模式要从闭门造车到开门迎客,从大开大合到精耕细作,实现降维变现,网课就是其中的典范。

世界上最难的两件事：一是将思想装进别人的脑袋，二是将钞票装进自己的口袋。其实，这两件事完全可以是一件事。当你丰富了别人的知识，转变了别人的想法，也就赢得了自己的收入。在这个经济转型的大时代，企业要生存发展，一方面需要将知识、技能、方法装进员工的脑袋；另一方面，需要将理念、观点、逻辑装进客户的脑袋，通过为大众解难或提升来达到双赢，因此，做好网课的设计与规划就成为企业变现的关键点。

资源世界大，网课无限极

互联网时代的到来，打破了商业格局，颠覆了传统观念，产生了一系列的变革。身边的变化不断地影响着每一个人。每一个职业人都需要快速成长，适应变化，为自己或是企业创造更大的价值。在无处不在的大变革背景下，大众的学习需求也变得更加时效化和碎片化。这时，传统授课方式早已不能适应需求，投入产出比也越来越低。网课便应运而生，成为大众喜闻乐见的学习方式。通过移动平台的推广,也打造了一个又一个精英团队,助力组织大脑的形成。

网课的"前世今生"

网课的雏形最早见于美国北爱荷华大学有机化学教授 LeRoy A.McGrew 在 1993 年提出的"60 秒有机化学"课程,随后演变为"一分钟教学",在中国也是各大高校率先引入网络课程的。可见,网课最初是用于学校教育,是一个以知识点为内容,以视频教学为载体,结合线上线下组织的学习形式。之后,网课以其内容少而精、学习时间短而灵活的特点受到了大众以及企业培训组织的青睐,并在原有基础上进行了升级。目前,由于网课内容主要来源于高校,所以现有的网课更多以传达通用知识、技能为主,并具备以下几大特色与内涵。

播放时间短、传递内容精、资源容量小

网课以播放时间短、传递内容精、资源容量小而著称。教学视频是网课的核心组成内容,在如今快节奏、碎片化的时代,根据市场大众的认知特点和学习规律,网课的时长一般为 5~8 分钟,最长不超过 18 分钟(TED 的标准)。因此,相对于传统的 40 或 45 分钟一节课的教学课例来说,网课可以称为"课例片段"或"微课例"。另外,相对于内容较宽泛的传统课堂,网课问题聚集、主题突出,更适合受众观看和及时消化,也符合"讲师"录制的需要;相对于传统课堂一节课需完成复杂众多教学内容的要求,播放时间短、传递内容精、资源容量小的网课

又因此被称为"微课堂"。同时，从资源容量的大小上来说，网课视频及配套辅助资源的总容量一般在几十兆左右，视频格式须是支持网络在线播放的流媒体格式（如 rm、wmv、flv 等），大众可以在各大平台流畅地在线观摩视频，查看视频方法、视频目录等辅助资源；也可灵活方便地下载并保存到终端设备上（如笔记本电脑、手机、iPad 等），实现移动学习、"泛在学习"，便于受众在线下的反复研究、思考和实践。

资源组成／结构／构成"情景化"，主题突出、内容具体

资源组成／结构／构成"情景化"，主题突出、内容具体是网课的又一特点。因为资源组成／结构／构成"情景化"，所以资源使用方便。网课选取的传播内容一般要求主题突出、指向明确、相对完整。整体构成一个主题鲜明、类型多样、结构紧凑的"主题单元资源包"，营造一个真实的"微教学资源环境"，这使得网课资源具有视频教学案例的特征。就学校教育而言，网课不仅成为教师和学生的重要教育资源，而且也构成了学校教育教学模式改革的基础。而就其他形式的网络课程来说，广大受众在这种真实的、具体的、典型案例化的网络课程情景中易于实现"隐性知识""默会知识"等高阶思维能力的学习并实现教学观念、技能、风格的模仿、迁移和提升，从而促进大众专业化、技能化的成长，并对"讲师"课程发展水平不断提升起到助推作用。

主题突出、内容具体也是网课之必备。一个课程就一个主题，或者说一个课程研讨一件事；研究的问题来源于现实生活或者大众在具体实践中的具体问题：或是生活思考，或是教学反思，或是难点突破，或是重点强调，或是学习策略、教学方法、教育教学观点等具体的、真实的、自己或与同伴可以解决的问题。

草根研究、趣味创作

网课也强调草根研究、趣味创作。正因为课程内容的短而精，所以，人人都可以成为课程的研发者和传播者；正因为课程的使用对象是传播者和受传者，课程研发的目的是将传授内容、传授目标、传授手段紧密地联系起来，是"为了传授、在传授中、通过传授"，不是去验证理论、推演理论，所以这就决定了研发内容应该是"讲师"们自己熟悉的、感兴趣的、有能力解决的问题。

成果简化、多样传播，反馈及时、针对性强

网课的成果通常以简化、多样传播为核心。因为内容具体、主题突出，所以研究内容易表达、研究成果易转化；因为课程容量微小、用时简短，所以传播形式多样，如网上视频、手机传播、微博讨论等。同时，根据反馈及时调整、改善、加强，针对性强也是应当注重的一点。由于是在较短的时间内集中开展"无生上课"活动，"讲师"能及时（通过"弹幕"等形式）得到他人对自己传授行为的评价，获得反馈信息。较之常态的听课、评课活动，授课者可以"现炒现卖现改善"，具有即时性。

番外 德国教育学家第斯多惠说,"教育成功的艺术就在于使学生对你所教的东西感兴趣"。兴趣是人们力求认识世界、渴望获得文化科学知识、不断探求真理而带有情绪色彩的意向活动。对网课的受众来说,只有当他们对网络终端传授的内容产生兴趣时,他们才会全神贯注、积极主动、心情愉快地投入学习活动中。当今时代是一个视觉文化的时代,与传统采用讲授、板书,结合视频、图片、音乐、文字等形式传播思想相比,网课有着自己独特的优势。

互联网时代的全新出路

现在手机已经成为人们身体的一部分,号称"第五肢"。越来越多的人在运用手机学习、生活、娱乐,以前出门不带现金、不带银行卡是不可思议的事,现在无论大店小摊不用支付宝和微信支付等方式成为不可思议的事。微信推出不久,曾有一家培训机构用它实现了 100 多个群、上万人的一次同步直播,只是当时大众还没有形成网课的概念,也没过多在意。直到 2011 年,中国移动端网民数量超过 PC 端时,人们才开始关注网课这一身边的热点事物。

网课之所以能火起来,就在于它重构了学习的定义,彻底解放了人们的大脑。网课,用情景剧、滑稽剧、H5、动画、图文+配音等各种生动有趣的方式授课;而且每节课都有独立、完整的小课题;同时,它还会用简短明快的手法将知识技能细分成每一个可操作的动作,配以大众熟悉的情景案例故事。网课让学习者在快乐中学习,在体验中学习,在运用中学习,学习者自然会从此爱上学习。

网课——快速迭代与移动终端催生下的学习方式变革

如今,在网课的浪潮中出现的一批知识明星,他们可能原本就是有影响力的媒体人,如罗振宇、吴晓波等;可能是文化名人,如蒋勋、张德芬等;也可能是互联网新秀,如讲理财的简七、三公子等。同时,不管是买专栏、付费提问、在线听讲座,还是买视频会员、加入付费社群,人们都在为看不见、摸不着的知识产品付费。这一波的知识付费,不是突然出现的,它是从互联网上逐渐发展出来的,其基础都是新媒体、自媒体。比如,《罗辑思维》推出时,它是一个每周播出的网络视频节目,和一个每天早上发布 60 秒语音的微信自媒体。之后,它开始尝试社群和内容电商,卖会员、卖月饼、卖书。到 2015 年,它推出得到 APP,销售图书的浓缩精华版本,也就是将一本书提取内涵、改写成八九千字的解读版。到 2016 年年初,得到 APP 推出李翔商业内参、雪枫音乐会、刘润 5 分钟商学院等付费订阅专栏,成为知识付费时代的标杆。

一直以来,人们获取知识有三种主要方式:看报刊、电视,这是媒体;阅读图书,这是内容出版;上学听课,这是教育培训。过去,这三者差别是较大的,报刊、电视等几乎承包了人们所有的获信渠道,出版提供封装的内容通过发行得以传播,教育培训强调课堂上的教学互动。现在,媒体和教育向出版靠过来了。网课作为第一波浪潮下出现的新产品,非常像图书出版业所做的事,就是把作者的知识精华浓缩,精心编辑,印刷成册,卖给读者。比如付费订阅专栏来自媒体,音频课程来自培训,这也是网课受到自媒体欢迎的原因。

网课——体验营销与粉丝经济裂变出的用户连接模式

除了应用于学习本身外,网课还起到了传播知识、提升技能的作用,成为极其受欢迎的"试用品"、增值服务与营销手段。网课超越学习的前景何在?通过追根溯源的分析,可知它在企业与客户/粉丝的连接中,构成体验营销与粉丝经济裂变出的用户连接模式。微信公众号关闭iPhone用户赞赏功能后,似乎切断了自媒体创业者的一个盈利入口,但同时以知识付费为核心的网课平台却借助这次机会实现了业绩的增长。在这个内容付费成为潮流的时代,一篇爆款文章的打赏金额都会破万,经过"关闭打赏"的风波,网络上主流的泛教育平台,也逐渐向知识付费领域靠拢。

在网络发展的大时代,如果说一门网课能够出彩,那么课程之后的粉丝,课程所依赖的平台非常重要。在平台中,有些大V会自带流量,但更多的是名不见经传却身怀技能的老师们,这就需要平台的力量——提供宣传栏位,并进行全方位的包装。一定要重视粉丝的力量。现在有网友认为:"粉丝超过100,就好像一本内刊;超过10万,就是一份都市报;超过100万,就是一份全国性的报纸;超过1000万,就是电视台;超过1亿,就是CCTV。"这个形象生动的比喻,更好地解读了网络时代粉丝的价值和影响力。

番外 网课是"课",但是却能超越以往"课"的局限,从实时绩效支持、岗位技能提升、混合学习项目、学习资源自助等方面的深入应用,为学习领域带来新的变革。网课不仅是"课",更能通过产品介绍、产品体验、理念引导为企业营销助力,通过使用帮助和延伸学习为客户服务添彩。无论是哪一种,归根到底,都是通过引入新的知识、技能、理念、方法达成目标,因此,其规划理念和开发方法殊途同归。

聚焦大事件,多维更宽广

随着影视剧种类和资源的丰富,年轻人观看网课更加强调伴随性,观看视频已经成为一种年轻的生活方式,吃吃喝喝是网络视频的最佳拍档,点赞和弹幕成为看视频找乐子及互动的最佳方式。不同年龄段、不同性别的年轻人在网课的类型选择以及角色偏好方面有一定的差异,男性和女性受众对网课的课程类型也有明显的偏好差异。因此,针对不同的目标人群,对症下药,寻找合适的切入点逐个击破,是网课应该在前期做好的准备工作。

创意,让课程卓尔不凡

没有好的包装宣传,再好的网课,也很难推广,很难开拓市场。有创意才会让网课卓尔不凡。所谓创意,是用想象力的刀,划破既定的结构,打破理性的概括,打破理所当然的含义。

每当闲聊时,我们也许会段子横飞,文思泉涌;每当面对命题、开始工作时,灵感或创意却卡壳。创意"卡壳"的罪魁祸首,就是"自我限制"。相较于基础知识,想象力更为可贵。因为知识可以慢慢积累,而一旦失去想象力,就很难恢复。孩子们在蓝天上发现兔子,发现狮子;而成年人眼中只有白云朵朵。孩子们在海滩专注地用沙子创造着梦幻之城,而成年人大多只会耽于享受难得的安逸。孩子们看到的"蛇吞了大象",在成年人眼中则只有一顶礼帽而已。人类从来不缺乏灵感、不缺乏想象力、不缺乏创意,只不过理性之网框定了"合理"的世界,这就更加凸显出创意的重要性。

有创意的设计,能大大提升网课的内涵,有好的制作技术、好的内容、好的配乐、好的画面,更需要有好的创意设计把这些要素串联起来。一般来说,好的网课创意设计需要有"五化",即课程类型多样化、课程内容情景化、课程重点问题化、课程活动任务化及传播媒体多样化。

课程类型多样化

所谓网课课程类型多样化,就是可以运用不同类型的网课传播相应的内容,因为不同的网课所能达到的传播效果会有所不同。比如说故事型的网课可以让学习者更加容易进入教授情景,实验型的网课可以让学习者更加直观地观察到实验的过程与操作方法。

在中国传统的教育理念中,教育和娱乐化是相对立的两个概念,学习要求的是专心和严肃,学习时就得踏踏实实,玩乐时就要开开心心。但是,与传统教育有所不同,互联网显然在这方面是有优势的。传统的教育环境对学校和老师有太多的影响和限制,无论是中小学课堂,还是大学课堂,由于学生人数较多,因此需要一个安静有序的环境,学习者往往需要正襟危坐安静听讲,老师在很多时候也得肩负纪律维护者的责任,久而久之,老师的形象就成为一种符号,提起学校和老师首先联想到的是规矩和约束。互联网教育则不受这方面的限制,可以通过网络的多元活动,推动教育类型的多元化与教育形式的娱乐化和轻松化。

课程内容情景化

所谓网课课程内容情景化,就是在网课中构建学习情景,给受众搭建有效的学习支架。在网课中,传播者可以有目的地、有效地引导或者创设具有一定情绪色彩的、以形象为主题的生动场景,引起课程受众的态度体验和情感共鸣,从而帮助受众更好地理解课程的内容。

想要在网课上成为"不同寻常者",自然要付出"不同寻常"的代价,所以必须在创意上下功夫。要让人们注意到那些平时很少注意的角落,让人们聆听到那些平时不曾感受到的话语,让人们体验到那些平时不曾体验到的情景,或许,这也就成了创意本身。

课程重点问题化

"问题,乃是通向理解之门的关键",一个好的问题可以引发课程受众的主动思考和积极探索。因此，所谓课程重点问题化就是可以尝试将传播目标中的难点和重点转化成问题的形式来呈现，以问题来引导传授课程，用释疑解惑的方式来串联课程内容。

"你想吃火锅还是韩国烧烤？"类似这样的问题相信你听过不知道多少次，如果仔细思考一下，会发现这个问题本身就是个陷阱。对你而言，选择应该远远不止火锅和韩国烧烤，正常的问法应该是你想吃什么。但在这个问题里，你的选择被限制为两种，而且在问题开头加上了"你想"两字。这样一来，无论你回答其中的哪一个，看起来都是你个人的意愿。但是这也许根本不是你的意愿，你是被设置好的问题引导了。这就是人类古老的言辞诡计：设定议题，然后牵着别人的鼻子跟着议题走。这样，无论走到哪里，都不会超出原来设定的议题范围。这也是网课对于问题的提出方式，正确地在重点层面提出问题，课程主题不会发生偏转与改变。

课程活动任务化

一节网课的效果，不仅仅在于短短几分钟的内容传授，还体现为课程受众在学习后的行为反应。在网课中把所要传播的相关内容讲述清楚、阐述明白固然重要，但如果能够让课程受众看完后，进行主动的学习、模仿和探究，这才是活学活用、深度学习的关键。因此，所谓课程活动任务化就是要求一节好的网课可以搭配课程任务单，让课程受众带着任务去学习，使课程受众收到意想不到的效果。

传播媒体多样化

所谓网课传播媒体多样化就是采用不同的媒体表现形式展现网课的内容,比如可以选择真人出镜式、动画式、录屏式或者是混合以上几种形式。

人们大多倾向于在舒适区间(Comfort Zone)找答案,捕捉显而易见的论据,论证早已成型的结论;即使没有有趣的答案,也姑且表示满意。如若遇到不符合的现象,干脆予以排除,这就是所谓的路径依赖。惯性,会让所有漠不关心合理化。习惯是无意识的,自动运转的,缺少意愿的。犹如一条长期养在鱼缸中的鱼儿,即便撤掉了屏障,它依然习惯按鱼缸的形状在固定范围内折返,这就是所谓的习惯成自然。因此,要想有创意、有突破,就必须投身到大江、大河、大海中去。

> **番外** 对于创意最为常规的理解,就是在已知事物的基础上,再生出一种新的东西,这种东西是人们从来没有见过的,而这个过程,就是"创造过程"。网课的创意,大抵是源自生活体验、经历、感悟和看法的积累。有时候,换一种思维方式,新的创意也许就闪现在眼前。

留白,让思考多"飞"一会儿

"于方寸之间成天地,于无画之处生妙境。作品的留白,可以看出设计的好坏,也可以识得胸腔的宽广。越简单,越能感受艺术之美。"留白,本来是指在书画艺术创作中为了使整个作品的画面、章法更为协调精美而有意留下的恰当的空白，它可以为观者留下更多想象的空间。常常给人留下时间紧凑、节奏快速印象的网课，也需要适当的"留白"，要给受众预留出更多思考的空间。有意留下空白，给人以思索乃至遐想。留白将会成为网课设计的大趋势，使用更少的元素，呈现更开阔的空间意境。

善用倒计时

设计倒计时，就是可以在网课中设计问题或者习题，让课程受众有足够时间的思考和解答。例如，可以在画面中添加倒计时，告诉课程受众思考有时间限定，这样既可以明确学习的思考时长，又能督促学习者在规定的时间内完成任务。恰当地使用倒计时，不仅可以对课程受众的学习、思考起到提醒作用，而且有助于他们增强责任感、紧迫感。

合理地使用倒计时能够让课程受众更好地树立时间意识，在时间要求的范围内完成问题并进行头脑风暴，同时也能够增加网课课程设置的紧迫感与节奏性。

开头问一问，中间停一停，最后留一留

古人说："凡事留不尽之意则机圆，凡物留不尽之意则用裕，凡情留不尽之意味深，凡言留不尽之意则致远，凡兴留不尽之意则趣多，凡才留不尽之意则神满。"在网课开始的时候，可以以问题的形式引入内容，让课程的学习者在深入学习前有所思考。在网课的中间阶段，可以适当地停留一段时间，让课程的学习者对刚刚接收到的课程内容进行思考。在网课的最后阶

段，也可以留有"悬疑"或者小任务，让课程的学习者能够在课程之后进一步深入思考，如评书中的"预知后事如何，请听下回分解"一般，这也是一种"留白"的方式。这在网课的课程设计中是较为常见的"吊胃口"的方式，旨在维持课程受众的好奇心，继而有兴趣了解下去。其实，课程设计有时候就是一场揣摩受众心理、利用技巧的"攻心战"。在网课的课程设计中，可以利用课程受众的好奇心，在课程中留有悬念，以增强吸引力，提高课程本身的被关注度。

留白，不是挖坑是启智

在网课课程设计中，可以为课程制造一些悬念，吸引课程受众持续关注，详细询问课程的有关信息，然后耐心地听取课程的介绍。在设计悬念、吊受众胃口时，应该尽量做到巧妙安排和构思，不要给课程受众留下生搬硬套或故弄玄虚的印象，否则会弄巧成拙。同时，一定要避免设定了一个吊人胃口的梗，最后给出的是一个很普通的结局，这个结局一定要既在意料之外，又在情理之中。

值得注意的一点是，在"留白"之后，还需要注意"呼应"。不可以抛出问题之后"弃而不顾"，置之不理，若是如此，就相当于给网课挖下了一个大坑。网课的留白，是给学习者的思想宫殿打开一扇窗，给思考留下更多的空间。在一节网课中，应该做到开头问一问，寻一寻；中间答一答，想一想；最后留一留，解一解。如果在网课的最后留下"悬念性"的问题，要记得在系列后续课程中给予解答，以免让受众失去兴趣。

番外 留白,中国美学的精粹,艺术创作中为使作品更加协调、有意境而留下相应的空白,也留下无尽的奇思遐想。留白之于书画、文学、戏剧、建筑、摄影……以无胜有,化虚为实,尽显美的韵味;留白之于网课,简约而不简单,启智又启心。

视觉,给内容增光添彩

人们经常会有这样的生活经验:同样的内容用视频或是文字的形式分别呈现,人们更愿意看到视频的形式;同样的内容用图文并茂的文章和纯文本呈现,人们则更愿意选择前者。这是因为人脑处理图片的速度,是处理文字的 60000 倍,所以,常人更加愿意接受色彩丰富、可视化的画面。因此,视觉设计效果在网课中扮演着重要的作用。在众多的设计领域和商业服务中,不论是观者还是设计者本身,人们越来越多地开始在意最为直观的视觉感受,同时视觉设计在越来越多的商业服务中受到重视。很多网课的设计者往往会觉得课程的内容比较重要,对于视觉设计的认知还处于模棱两可的状态,更不要说如何去做好视觉设计或者对网课的形式进行良好的"装饰"了,这是极其错误的想法。

视觉设计是针对眼睛功能主观形式的表现手段和结果。简单地说就是对文字信息、版式编排、色彩搭配以及最终结果所呈现出的视觉形式,以受众人群为出发点对画面中包含的元素、信息进行合理有序的整合，使其具有强烈目的性和主观性。它服务于人的视觉感官，也就是说一切可以用静态以及动态方式呈现的画面设计，均可以称为视觉设计，大部分网课都是视觉设计的服务结果。一门网课，即使课程内容设置上大同小异，但不同的视觉设计，会产生巨大的变化，呈现出更多的看点。

整体效果

从整体效果来说，在设计网课画面时，要结合课程的内容和学习者的特征来选择合适的色调。色彩是最有力的视觉表现，能激发最直观的视觉感知。在视觉设计当中，色彩通常用于强调需要突出的主体，能够更加快速地吸引眼球。需要注意的是，色彩是通过相互搭配而形成视觉感知的，并不是色彩越多越好或者越亮越好；同时也要注意画面整体的视觉效果，这一点主要体现在背景色与背景色上面的颜色。对于色彩，不同人的眼睛看到的是不一样的，虽然整体上差别不大，但是会有细微的不同。不同的显示器显示的颜色也有偏差，其中有显示器本身的问题，也有使用者习惯的问题，有人喜欢将显示器调暗一点，也有人喜欢对比度高一点，种种的不一样叠加起来，导致了同一个图片被不同显示器后的客户看到，产生不同的感官。所以在色彩设计上一定要从整体效果出发，进行多方面考虑，做到既有主色，又有色彩之间的有效搭配。

一般来说，明亮的、鲜艳的、纯真的色彩是儿童喜欢的；而中等明度、或比较柔和的色彩更能吸引年纪稍长的学习者。

细节处理

从细节处理上来看，可以根据学习内容的特点，利用符号、画线、标注、关键词变色或者放大缩小等技巧，吸引课程学习者的注意力。在网课的关键内容处，可以适当地加入标识符号，这也是一种十分重要的手段，能够强化学习者的视觉认知，提醒学习者关注重点信息。

另外，字体作为信息的重要载体，也会对课程产生一定的影响。字体不仅要具备展示性，还要拥有可读性。展示性意味着它需要能够在特定条件下创造出特定的效果，通过屏幕上的展示，吸引用户的注意力，向着屏幕另一端的用户传达出特定的信息和感受。所以合理地运用展示性的字体不仅能够强化品牌形象，增强文本内容的可理解性，还能够创造视觉层次，给课程受众留下深刻的印象。近年来，展示性字体的需求越来越大，其对视觉设计的影响除了字库字体选择、字体的编排，还包含字体设计等，可以说是细节比较多的一项，同时也是容易被忽略的一项。很多情况下不是字体本身的问题，而是网课的设计者没有能够很好地把字体的气质与画面的气质结合起来。有时即使是细微的差别也会对最终的视觉感知造成较大的影响。

首先，简约的字体和动感的排版并不是互相排斥的。事实上，简单的字体同样可以轻松创造出有强烈冲击力的排版。只需要选择一款足够简约的字体，然后按照下面的方法来处理即可：第一，使用超大的字体尺寸（大字体能够传达出足够有力的信息，尤其是和高清的视频资料配合使用时）；第二，文字色彩和背景构成对比（文本色彩通常会使用黑色或者白色，而背景图片足够鲜艳就能构成对比）。其次，字体大小是控制视觉影响力的重要手段。有些网课的设计者采用了更为极端的方式，使用超大的字体来承载主要的课程内容，并借助留白将文本孤立出来，以达到有效传递信息的目的。这样的设计足够简约，但是充满了强烈的冲突感，辅之以清晰直白的设计，让人印象深刻。即使是最基础、最简单的字体也可以创造出令人难忘的体验，前提是要采用实验性的、富有创造性的排版。

呈现方式

从呈现方式上来看，网课的课程在设计中大多数都是基于形式的创新。表现形式也是创意的最佳载体，对于视觉设计而言，表现形式是促进视觉效果的最有力的手段之一，简单来说就是换一种样式以满足最佳的视觉体验。因此，可以将文字内容转化为学习者更加容易接受的图片、表格、动画，甚至是真人出演的视频。

在信息爆炸的时代，文字信息远远小于图形的传播能力。在视觉设计中，有效传达信息是最根本的任务，尤其是画面中必要的文字信息，则需要设计者通过一定的视觉表现手段完成信息的有效传播，对文字进行图形化的视觉符号表现便是很好的表达方式；同时，在突出目的并保证有效的传递信息时，还要让观者有欣赏的愉悦，尤其是在进行创意添加时，一定要注意文字信息的识别度，在保证信息能够清楚传达的同时，可以适当地弱化，尽量不要造成视觉障碍，引起观者的反感。视觉设计就是通过创意的表现手法，有目的地对画面中的信息进行简洁而优雅地传递，使观者对设计者想要表达的信息在视觉感知上产生共鸣。总的来说，在保证有效传递信息的同时，以突出视觉效果为目的，对画面使用不同设计方法进行表现，从而使元素达到和谐统一，让观者对整个画面的视觉感知力更强，进而产生愉悦感。

视觉画面设计虽然很重要，但是形式最终还是为内容服务的，不能喧宾夺主。在强调网课设计视觉感的时候，要注重风格尽量统一，避免形成无关紧要的视觉干扰。

番外 在商品同质化现象日趋严重的今天，每个商家都希望能够通过设计来迅速抓住消费者的眼球，这时，出色的视觉包装就成了营销之道。优秀的设计可以吸引关注，让消费者产生情感共鸣。设计在工作和生活中无处不在，一个高质量的PPT、一个有特色的个人主页都有可能脱颖而出。有创意、有设计的网课才会具有感染力，才会"不同寻常"。

互动，令大众成为"主演"

最近两年，随着人们消费观念的转变，知识付费越来越火，想要入局的团体和个人也越来越多。从数据分析的结果来看，能让学生感受到"一对一课程传播"的网课更吸引人。这说明了如何把课程做得有趣、如何增强与课程受众之间的互动，是至关重要的。交互，能让网络课程教学变得更加精彩。

互动式的网课，指的就是在网课的使用者和网课的课程内容之间、在受众和授课者之间进行互动的一类网课。它囊括了一般网课的内容呈现功能，同时更加注重让互动贯穿课程的始终，使学习变成一个双向过程。参与互动式网课时，课程受众需要不断地"输入"与"输出"信心，它不仅仅让课程受众能够"看"到网课，也让课程受众在操作、反馈、反思的过程之中"懂"得了网课。大部分的网课，都是一个视频或者音频，有的会加上文字稿，但是课程受众只是被动地听课和接受知识，不会和授课者产生互动。即使布置了作业或者思考题，也无法知道学员是不是真的去思考、去完成了。也许有人会问，现实授课需要互动，网络课程如何互动？难道是和显示屏互动吗？

课程内容呈现的角度

从网络课程内容呈现的角度来看，一般的网络课程多采用平铺直叙的方式进行讲述，互动式网课则使用引导性或者互动对话的方式讲解课程内容，或者在网课的页面当中，设置好合适的折叠栏和 Tab 页。

所谓折叠栏，顾名思义，就是可以把文字内容折叠起来，仅仅显示标题部分，这样一来可以缩短文字的篇幅，使界面更加简洁明了，还能引起学习者的好奇心，很想点开看看，里面的文字到底是什么。这一类型的折叠栏比较适合有递进关系的文字内容。

所谓 Tab 页的功能和折叠栏类似，也是把文字隐藏起来，只显示标题，节省页面空间。但是 Tab 页是横向显示，课程受众只需要点击标题，就可以切换到对应的内容，更加适合有并列关系的文字内容。

课程的传授方式

从网络课程传授方式的角度来看，一般的网课多采用单纯的讲授者"输出"，使用者"输入"的方式进行；互动式网课则是通过不断的启发、问答、反馈来进行双向交流，利用互动逐步推进课程内容的传播。这里也有一个小技巧，就是设置合适的翻页格，翻页格适合做揭晓类的文字内容。例如，在翻页格正面显示一幅数据图，课程受众在翻转之前，就会思考这幅图所带来的信息，点击翻转后，翻页格背面显示的就是对数据图的文字解读。千万别小看这个小小的点击翻页动作，这个动作代表了课程受众在认真听课、在反复思考、在努力消化课程里的内容。

课程的互动方式

从网课课程互动方式的角度来看，一般的网课是配合面对面课堂或者线下交流平台进行互动交流，互动式网课除了以上的交流方式外，视频本身就包含了互动式的联系、超链接探究等互动方式。听完一堂课程，课程受众学习效果如何？课程内容的传播者可以通过课后题进行检测。题型一般包括单选、多选和判断题三种，课程受众回答完毕，点击提交就能够实时看到答题结果和解析，听课效果也就有了反馈。合理地设置互动，还能有效地避免听过就忘的尴尬。

互动带给学习者的好处，首先是允许其自定流程步调，决定是否参与和花费多少时间来参与某一个主题，并根据自己的学习级层来阅读和回答问题。其次是建立关联和联想力，即帮助学习者就某个主题做关联和比较，提示其以自己的方式去理解和体验课程的精髓。最后便是促使其有效地整合信息，将随时获得或零散或纲要式的信息，整合成一个完整的信息环境，从而在其间动态地互动，并更深入地理解主题。积极的互动首先是要有内容的，要摒弃空洞无物的技术交互，其中教学设计和教学实施至关重要；其次是学习者具有良好的问题反应能力，对提问有积极和及时的回复；最后是平等的意见表达及促进使用者之间的沟通联络的能力。当然，有效的互动还应传递给课程学习者以坚持和成功的信心。

网络时代，"互动"被认定是新媒体文化的核心和灵魂。传播主体的多元化，使人人皆可成为信息源，互动也是水到渠成的事情。许多教育者和受教育者已经注意到，仅仅依靠网络资源不足以解决教育和学习过程中出现的种种问题；许多在实行和推广之中的教育、教学模式亦不可能全依赖于网络资源本身得到深度呈现；更何况网络课程资源并不能保证学习行为一定会发生。互动，在这个时候就成为网络教育存在的重要理由之一，更有甚者，认为网络教育的特色不在于教学资源本身，而在于其内容与学习者之间的互动。教者与学者对话越多，学习者的回应越多，课程的丰富程度也就越高，这就是对于"互动"的最好诠释。

当然，互动不是最终目的，通过互动，形成一个不断交流和不断改进的过程，使互动双方均有收获。最终，有效地促使学习者构建起基于网络的个人学习信息系统，自主、创造性地学习，使学习者各抒己见，相互评价，相互分享，共同向学习的最佳境界迈进。网络课程的品质和魅力也会因良好的互动而得到提升。

番外 教与学分离的本质性特征，决定了网络教育实践的关键是如何实现教与学的再度融合，而以媒体为中介的交互在其中扮演着重要的角色。一门课程想要取得良好的教学效果，高质量的互动是必不可少的。然而，实践经验与研究数据表明，并不是所有的网络教学都能够取得成功，也不是有了先进的互联网双向交互技术，就能实现所期望的高质量互动。互动式网络教学中的实现形式丰富多彩，需要网课的设计者精心准备和全方位努力。

人人是讲师，处处是干货，时时能变现

这是一个人人都可以成为讲师的时代，网课的学习也由此被引爆，连接受众的网课、快速创新的网课、提高效率的网课，正式登上了时代的大舞台。

成为讲师，梦想并不遥远

这个时代，人人都可以利用互联网扩大自己的影响力成为一位讲师。网课提供了人人都可以成为讲师的平台。那么，应当如何在这一平台上做好呢？

有备而来的讲师

要想成为讲师，就要有所准备，一旦有机会一定要把握好。互联网中，一般五年就会产生一次机会，如果你能把握好，就有可能成为一位讲师，如同现在要把握住网课的机会一样。因此，现在就要做好准备，要开始策划你的网络课程，当时机到来时，就可以抢先发布，及时输出自己的价值，成为一位有备而来的讲师。

独立思考的讲师

独立的思考和见解，往往能够让你脱颖而出。发布一门体现独立思考的能力的网课就有可能使你成为某个行业里的讲师，因为你给这个行业带来了一种新的思路、一种新的解读，从某个角度而言，你就成了这个行业里的专家，成了这个行业里的讲师。

要成为这样的讲师，不仅要养成独立思考的能力，并且需要累积多年的专业知识和技能才有可能做到。只能给受众带来不同的思维和解读，才能在他们心中确立类似专家地位。因此，一定要记住两点，养成独立思考的能力，提升自己在行业里的专业性。

锲而不舍的讲师

锲而不舍,不断学习、不断实践,才会成为行业专家。因此,坚持进行课程策划,坚持讲课,累积到一定的程度,才有可能成为网课这个平台上真正的讲师。

内容为王

"生产技术革新带来的是新的财富,知识传播技术革新带来的是人才资源。"历史上出现过若干次知识传播技术的变迁,每一次都会带来深远的影响,从竹简到纸张到印刷术,再到今天的互联网。网课就是教育领域的全新变革,其中内容成为网课的主体,主题成为网课的核心。在拥有一个好的制作技术之前,选好有价值的内容和主题,才有可能成就一节好的网课。如何选择网课的内容和主题,提供以下几个建议。

目标要明确

应当选取教授内容中的重点、难点或者易错点、关键点来制作网课,把提高和深化学生对知识内容的掌握效果作为网课选题的首要内容。

选题须聚焦

网课的特点是短小精悍。想要在较短的时间内讲清楚知识点和课程核心,就必须聚焦好选题。要尽量把选题聚焦到一个或者几个知识点或者技能点之内,切忌在网课中包含过多的内容。

选题要贴切

网课的选题要与授课目的相互贴切,同时还要捕捉网络课程受众的兴趣点和认知需求。从生活出发，可以选择和时代主题相呼应、和生活趣事或者网络热门话题相关联的题材，作为网课的选题。

内容须科学

网课必须要传递正确、准确的观点，内容必须要遵守学科规律，切忌因形式问题而忽视内容科学准确的重要性。

课程的系列化

所谓独木不成林，系列化的网课更能够系统详细地讲好讲全知识内容，也更容易确立授课者的影响力。因此，在讲解具有系统逻辑知识架构的庞大教学内容时，可以选择拆分板块的方式，将一个完整的教学内容分解、细化成无数个细小的知识点，以此来呈现系列的网课。

一门好的网课，要符合成人学习的特点——坐得住、学得进、记得牢，课程一定得有干货。什么是干货？下面的章节将展开讲述。但总的来说，让受众能够理解并受益，才是网课真正应该致力的目标。

番外 在知识付费时代，教育的鸿沟因为网络教育而不断在缩小。以前是寒窗苦读为高考，现在登上互联网就能聆听名校课程。高素质人力资源的扩张会重塑整个社会的精神气质，人们对未来的预期也会变化，这将引导社会运转逻辑的变化。

不破不立——网课主题需要精雕细琢

旧的生态被新的生态所取代,这是一种必然。凡有旧事物灭亡和消失的地方,也一定有新事物的生长。正所谓,不破则不立,任何一次时代的变化都将会有新的突破,任何一节经典网课的引入都将会给互联网带来新的活力。

主题，是文学、艺术作品中所表现的中心思想，是作品思想内容的核心。一节几十分钟的网课，应当如何破题，是我们必须关注的问题。每个人对网课的主题都有不同的理解，有些人想要给受众一场知识的洗礼，有些人想要给受众一次技能的提升，也有人想要给受众一次情感的触击。但无论选择表达什么样的主题，一节优秀的网课，必须与课程受众产生共鸣。在现实社会中找到对所确定主题的争议点，通过一系列生动鲜活的事例或易被忽视的道理，让课程受众积极思考、产生共鸣。破则立，一旦破题，确立网课的内容核心自然也就水到渠成了。

"破"，主题寻求"万剑归宗"

随着互联网的快速发展，作为时代的新兴事物，网课领域的竞争也是异常激烈。市场仿佛一个存量有限的硬盘，当你不能快速地抢占空间时，你就开始落后，甚至出局。于是，各大网课的策划企业之间开始比拼速度，比拼执行，比拼谁能更快更好地复制和翻版新潮主题或课程模式。但很多企业仍然逃不脱失去受众、失去流量，靠微薄利润度日甚至亏损被淘汰的命运。因此，必须在课程设计上有足够的新意，完成"从0到1"的"破"，寻求"万剑归宗"。

互联网时代推崇的是"从0到1"，或者说"从无到有""从有到优"的智慧。通过主题的创新、运营模式的创新，创造新价值，让整个行业蛋糕变得更大、更可口。

变现溯源：市场需求为基底

网课的需求分析是互联网行业工作中最基本的能力，不只是内容设计经理，包括运营、市场、销售人员等都必须对网课的市场需求有所了解，才能知道怎么去设计课程主题，如何运营用户，怎样推广产品，最后把用户和流量转化成企业的收入。

网课的需求分析也是一项获取比较困难的能力，一门网课是否有人观看，有多少人观看，很大程度上取决于网课的设计者对需求的把握是否准确。如果需求把握准确，往往能获得事半功倍的效果；如果需求把握不准确，则会事倍功半，甚至徒劳无功，白白浪费时间和资源。

网课的需求分析的难点首先在于理解的混乱。很多人把课程受众的痛点、课程受众的需求、课程受众的想法、课程受众的问题、自己的想法、自己的假设、自己的需求、网课的需求等混为一谈，以至于每个人都觉得自己了解网课的受众需求，人人都能轻易成为内容与产品的设计经理。其实，大部分网课的课程设计通常是一个团队，因为团队成员彼此认定的市场需求有所不同，所以也很容易造成网课主题设置中的争执，但差异和争执并非坏事。

那么网课的需求到底是什么，怎么做好网课的需求分析？

什么是需求

我们先来看一个卖水的例子：你去爬山，爬到中途口非常渴，非常想喝水。这时候如果有人卖水给你，再贵你也会买；当你喝完后，解渴了，这时候再便宜的水，对你来说也没有什么用了。很显然，喝水时，水对你来说是一个需求；喝水后，水对你来说就不是一个需求了。从上面的例子可以看到，特定的人在特定的情况下产生了特定的问题，并且这种问题是可以被解决的，就可以把它叫作需求，这是根据日常生活而总结的关于需求的定义，在这里特别要注意下面几个关键词：特定的人、特定的情况下、特定的问题、可以被解决。

需求从哪里来

需求的来源在表象上看有很多，总结起来无非两点，一个来自用户的痛点，另一个来自用户的兴奋点。由痛点产生的需求，大多数会成为刚性需求，这个痛点的强度越大，人们产生改变这个痛点的想法就越强烈，需求也越旺盛；而由兴奋点产生的需求往往是非刚性需求，它的需求同样可以很旺盛，但是在优先级排序上，往往靠后。比如上面卖水的例子中：你爬山途中口渴了想喝水，身体急需补水，这是刚性需求。如果你在爬山途中看到美景，但手边没有拍照设备，无法将美景拍摄下来，只会在心理有点失落或遗憾，并不会对你的生命造成什么影响，这就是非刚性需求。

所以，不论在创业还是日常的工作中，要优先挖掘用户的刚性需求，这样才能把产品、运营等工作做好。比如你负责的网课现在有两个要解决的问题，一个是用户注册时收不到验证码，没法完成注册；另一个是需要开发一个让用户邀请用户，注册后能赚钱的功能。开发资源有限，只能选择一个功能来开发，你会怎么排优先级？毫无疑问，自然是先解决收不到验证码的问题，收不到验证码，就无法完成注册，这是用户的痛点，而邀请用户注册赚钱只是一个兴奋点。

痛点与需求的关系

痛点是需求的来源。但是，切记痛点并不等于需求，痛点约等于需求或者大于需求。举个极端的例子来说明，很多人都希望医者能治百病，但是，现在还有许多不治之症，这就是人的痛点，这个痛点至今没法解决，这个痛点就是一个待解决的命题，而不是一个需求。

还是拿上面的例子来说明，虽然有一些病症无法治愈，但如果目标是让病人的痛苦少一点，生命更长一点，这个痛点就变成了一个需求，变成了一个可以被解决的问题。从上面的例子可以看到，痛点能否变成需求，取决于你是否有能力解决这个痛点。

怎么发现痛点

发现痛点是挖掘需求的第一步，怎么发现痛点，每个人有不同的方法，但是总结起来就一个词"体验"，痛点是一种由体验得出来的结果，也唯有靠体验才能发现痛点。这个体验分为两种，一种是直接体验，另一种是间接的体验。

直接体验，就是自己的体验，自己去现身说法，在体验的过程中发现痛点。比如要做一款旅游的产品，要找到好的切入点，最好的办法就是自己在旅游的过程中，发现有哪些不足，哪些是可以改进的，把这些痛点找到，成为产品的切入点。间接的体验，就是通过别人的体验结果来挖掘痛点，别人的体验结果有多种呈现方式，比如周围人的吐槽、网上的体验报告、平台的评价、用户的留言、异常的数据等，这些都是别人体验结果的展示形式；关注别人的体验结果，尤其关注体验结果中那些负面的反馈，因为按照一般人的心理，"痛"了肯定要找地方说出来。

就网课而言，因为课程是自己设计的，所以设计者往往发现不了问题，甚至还很容易产生自恋情绪。因此，要想发现问题，最简单的方法就是去看网页、弹幕或者平台的相关评论，然后把问题进行归纳和分析。如果在收集到的100条评论中，有30条反馈课程设计速度过快，那么这个网课使用的痛点自然就出来了。

网课的需求有哪些

2016年，在教育界最为吸睛的新闻事件之一是在线教育老师一小时能挣1.8万元。首先，网课的模式优势太多，这是线下授课所不能比拟的。通过网课，老师和学生双方都会感觉更加方便。其次,网课的受众突破地域的限制,在数量上也要大很多。加之网课的内容种类丰富,选择更为自由,受众需求更易得到满足。

网课的内容其实已经不再局限于学校的科目。写作课、读书课、时间管理课、知识管理课、恋爱技巧课、职场规划课、求职面试课、绘画课、书法练习课、PS课、视频编辑课、烹饪课、收纳课、演讲课、个人形象设计课、化妆课等,都很有市场,很有需求。网课的设计者们只需要根据自身条件,挖掘出自己的优势,有定位、有针对性地输出干货,流量、关注自然而然就来了。

番外 2018年,知识付费红利席卷互联网,这一年,无论讲师还是小白,都可以在互联网里捞金,当然,只要你能看见,就能迎来属于自己的春天。

破题:鲜明主题做特色

破,就是遵循着知识体系和学习逻辑,将其中能够碎片化的内容拆解出来,而"破"出来的网课,虽然组合起来不一定就是一幅完整的学习地图,但一定延续了清晰的主线与脉络,如同树主干上衍生出来的枝干,承担着各自的职责而又与主题密不可分。

从哪里"破"

破的主要来源有三个:课程、体系与手册。

课程：从原有的课程中破，是最为常见的形式。对于大多数企业和网课的讲师而言，已花费时间、精力积累了大量优质的课程资源，从原有的课程出发，能够达到降低内容开发的难度，快速批量地完成网课。课程中的破主要有三种情形：一是综合考虑了课程受众和内容的特点之后，将原有的课程资源全面更改为网课的形式进行授课；二是在基本保留原有课程资源的基础上，衍生出与之相匹配的网课作为课前预习或课后复习巩固的内容，与课程组合学习，一方面减少了集中培训的时间，另一方面使学习和工作更加紧密地结合；三是从原有的课程体系中抽取部分内容开发成网课，供特定的人群学习或解决特定的问题，如提供给有一定基础的新人、频繁出现某类问题的员工，或者作为相关岗位的职业拓展。

体系：从体系中破，包含原有的学习地图、任职资格、素质模型、应知应会等体系，这些体系也许不一定像成型的网课一样，有能拿来即用的素材，但其系统性的规划，为网课的主题选择提供了便捷的路径和指引。尤其是学习地图、任职资格等体系，做得好的不仅对应了具体的岗位，而且划分出了不同的层级和任务，可以从这些任务中切分出基于流程步骤或方法要点的网课主题。

手册：从手册中破，包括各种产品手册、知识手册、销售手册和制度规范、操作指南等，这些手册编制时往往经过了很多次的修订和层层审核，内容严谨、完整，为网课提供了很好的内容素材。

怎么"破"

对于大多数网课的开发者来说,接受的第一个网课开发任务,往往并不是从零开始,而是将原有的课程化整为零。面对原来时长 3 小时、6 小时甚至两天的课程,该怎么下手?看上去似乎很容易,按目录划分成节即可,其实不然。网课不是一集集未完待续的连续剧,而是一部部独立的微电影。大课拆分也不是简单地按时间和目录分解,要做到"拆解"而非"肢解",需要通过两个步骤重新梳理和选择:选取两入口,破用三板斧。

拆课程,有两入口。一端是从学习内容进入,包括拆知识和拆技能;另一端是从应用情境进入,拆问题。我们从小学到大学,学习的内容都是按知识体系一级一级分下来的课程,不同学科都有层层渐进、有机组合的学习架构。这些知识和技能一点点累积起来,形成了每个人的学习积累,进入职场之后,仍然不乏有人使用这种学习方式。如一位优秀的服装销售人员,需要系统学习产品知识、销售流程、职业礼仪、沟通技巧、商务谈判、服饰时尚、色彩搭配甚至顾客心理学等诸多内容,然后在工作中灵活运用。这就是从"学"入,由"用"出。而另一种情况,则是从"用"入,由"学"出。直接针对典型的问题,给出需要的答案,同样是服装销售人员,需要学习的网课可能就是"如何快速判断顾客着装偏好""三句话留住'再看看'""夏季衬衣适配的下装与外套"等。

很多人认为,职场学习、职业培训就应该从"用"入,直接针对一个个问题。这种观点看上去很有道理,其实失之偏颇。

目标定位和包装设计需要从"用"入，把准课程受众的需求并吸引他们学习，但在主题拆解和内容开发时，仅仅从"用"入是不够的。试想一下，既然是课程受众，那么他们在一个领域的修为应该是有限的，不了解本领域的整个体系是什么、各层次的人员应具备的素质是什么，如此，他们提出的问题，也一定是局限于自己目前的层次和角度。

如果说从"学"出发是让课程受众活学活用，那么，从"用"出发，就是让课程受众自己架构体系。所以，并不能因为从"用"出发看起来会更受课程受众的欢迎，就弱化从"学"出发的科学合理性。事实上，"学"与"用"这两个入口是相辅相成的，不应有孰强孰弱之分。在实际的网络课程拆解当中，两者都应该统筹兼顾。"用"得精准能直击问题、审视必要性，"学"得到位能查漏补缺、整合凌乱点。

理解了两个入口的互补，再来看看具体的拆解三板斧。其一，是拆知识。这一斧容易理解，我们从小到大的课程目录，都是拆知识。知识的拆法有两种：按类别拆和按要素拆。比如，《了解润滑油》这样一门课，可以按类别分为发动机油、工业齿轮油、汽轮机油、液压油、冷却液、燃油复合剂等分别学习；而《认知多元智能》这门课，则可以按智力构成的要素分为语言、数理逻辑、空间、身体——运动、音乐、人际、内省、自然探索等要素，从不同维度学习理解。其二，便是拆技能。在企业课程中，技能类的课程显然是主流。技能的拆法有两种：按流程步骤拆和按方法工具拆。比如，《现场导购技巧》这门课可以按流程拆分为主动迎接、了解需求、介绍产品、异议处理、促单巩固等环节；《预算编制方法》这门课则可以分为固定预算、零基预算、增量预算等方法分别学习。其三，就是拆问题，包括拆典型问题或情境和拆实用招数或窍门。拆问题还是拆解法，需要视实际情况而定。在网课中，有一些课程就是直接基于问题或招数的集合。比如，某公司的《时间管理》课程就是由两个问题构成：如何让事情由多变少？如何让速度由慢到快？更多的时候，拆问题指的是，先放下原来课程的结构，从课程受众端发掘并列举所有与这一课程主题相关的问题。比如，关于涉及职业生涯时，可能会有一系列问题：如何快速加薪？什么时候跳槽合适？转行要考虑什么？兴趣能发展成职业吗？和上司合不来怎么办？家庭与事业冲突时该怎么办？该不该辞职去创业？……这些问题，有一些可能在原课程框架之中，在原课程的内容中就能找到答案；有一些则可能超出原课程的范畴，在原课程的单个章节未必能做出解答。

这三板斧，很多时候不是单独使用，而是需要组合使用，尤其是对一些大的课程而言。举例说明，假设"感冒"是一个大的学习主题，我们可以用第一斧"拆知识"，拆解与感冒相关的知识：感冒的起因、临床表现、危害，这是按要素拆；风寒感冒、风热感冒，或者普通感冒与流行性感冒，这是按类别拆。可以用第二斧"拆技能"，拆解与感冒相关的技能：感冒怎么预防、怎么治疗、怎么恢复，这是按步骤流程来拆；在治疗中有中医治疗、西医治疗等，这是按方法工具来拆。可以用第三斧"拆问题",拆解与感冒相关的问题:孕妇感冒能不能吃药,这是典型问题;缓解感冒鼻塞的按摩手法,这是实用招数……

那么,到底如何选择三板斧呢?可以从两个入口同时使用,一方面从"学"出发,判断其主要内容是知识还是技能,并按照原来的课程框架选择对应的斧进行拆解;另一方面从"用"出发,如果是体系成熟、实际应用已久或并无明显突破的内容就选择探究目标课程受众的主要问题,如果是应用时日尚短、非结构性或近期有所创新的内容则选择发掘明星员工的实用招数。"学"与"用",两头拆解,两相对应。

番外 庖丁解牛时说:"彼节者有间,而刀刃者无厚;以无厚入有间,恢恢乎其于游刃必有余地矣。"网课一样有结构、有层次拆解方法,也如同利刃,能够帮助大家从中解剖出问题。然而,正如庖丁所说,道,进乎技。握刀的人永远比刀重要,对于课程拆解来说,比拆解方法更重要的,是授课人在行业中多年浸润捶打出的经验,无论是两个入口的确立,还是三板斧的破题,背后的判断依据,都是专业人士对于专业和课程受众的理解。

"立",主题构思"神机百变"

除了"从 0 到 1"的破,"从 1 到 N"的立同样至关重要。如果说"从 0 到 1",或者说"从无到有",意味着网课要善于创造；那么"从 1 到 N"就意味着网课需要敢于创新，通过技术专利、网络效应、规模经济、品牌等，实现质的垂直性层级跨越，由此开辟一个只属于自己的市场，并成为这个市场的唯一，这样的"流量效益"足可让网课的设计企业安享丰厚的利润。着眼创造新价值，在市场中做出网课独特的价值，这才是互联网社会的螺旋发展之道。

对于"立"来说，日常生活、学习工作、交往休闲等都蕴含着丰富的内容，也都可以成为课程主题选择的范围。选好主题，有利于网课的整体设计与推广。

集思广益，发散思维

美国科幻小说黄金时代的代表人物，艾萨克·阿西莫夫如此谈创新："即便所有事实摆在眼前，提出基于它们的新想法仍然是困难的。"交叉连接和创新思维需要相当的胆识，无法大胆迈出这一步，之后的无数演绎和发展都不能被称作"新想法"，只是纯粹的"老古董们发展的必然结果"罢了。

集思广益，发散思维是创新的一种重要形式，是在网课"立"题过程中最为突出的一种方式，也被称为"辐射思维"、"多向思维"或"扩散思维"。在解决问题的思维过程中，不拘泥于一点或一条线索，从现有的信息中尽可能扩散开去，不受已经确定的方式、方法、规律、范围等的约束，并且从这种扩散、辐射的思考中，求得多种不同的解决办法或衍生出多种不同的结果。

立题时主张创新，要求发散思维，就是注重大脑在思考时呈现的一种扩散状态的思维模式，表现为思维视野广阔，思维呈现出多维发散状。发散思维方式可以把思维从一种事物发散到多种事物，从而跳出人们固有的思维定式，激发出创造性的灵感。发散思维不依靠任何介质，但一定要有起因、要有中心。这种思维方式好比自行车车轮一样，许多辐条以车轴为中心向外辐射。思维本身其实就是一种"迁移类比"的能力。如果说一件事情是"树"的主干，那么它的枝丫、叶子、根茎等就是思维迁移的结果，迁移类比能力越强，枝丫、叶子、根茎等就越茂盛。人本身在生活中积累的见识和认知的积淀越深厚，迁移出来的深层认知就越正确，包含的内容也就越广阔。网课的设计在创新立题中应注重以下几点。

流畅性

流畅性又称多维性、多端性或非单一性，其核心是"多"或"快"，是指在短时间内能对问题做出迅速敏捷且尽可能多的反应，是发散思维的前提。发散思维的这种特性表现在设计网课时，要求设计者能够从多方位、多角度、多手段、多途径入手，思路尽可能多方向扩散，不局限于现有的理解，从而开拓思维的新方向、新角度、新领域。

变通性

变通性又称为灵活性、非僵硬性、非呆滞性，其核心是"变"或"活"，指思维灵活旷达，能随机应变、举一反三、触类旁通，可以获得不同的答案而不受思维定式的束缚，是发散思维的关键。当设计网课时，如果遇到困难，应该变通思维方向，如改变某个方案、放宽某个条件、取消某种限制或补充某个前提，从而寻找新的途径，达到设计目的。

独创性

独创性又称创新性和开拓性，其核心是"独"或"异"，是指产生不寻常的反应和打破常规的能力，是发散思维的本质。具体表现在网课的独特性，就是指超越固定的、习惯的认知方式，以前所未有的新视角、新观点设计课程，比如之前"吃播""木匠手艺的微课"等的出现，就是一种独创性的表达。提出不为一般人所有的、超乎寻常的新讲述、新表达、新内容，都是课程立题主张的发散思维的最高目标。

多感官性

网课的设计不仅运用视觉思维和听觉思维，也充分利用其他感官接收信息并进行加工。网课的设计与情感也有密切关系。如果设计者能够激发兴趣，带着激情，赋予信息感情色彩，把信息情绪化，就会提高网课受众对于课程的认知速度，增强网课的整体效果。

在现实的立题过程中，思考问题和设计网课的方案时，往往会面临"脑衰竭"的状态，这种时候往往也会有两种方式来找到设计的突破口。第一种是借助工具或方法进行系统性的思维梳理和拓展，比如 Storyboard、Design Thinking、SWOT 分析等。但有时理性的分析思考，不仅不容易产生"惊艳"的方案，还会变成又一种束缚。第二种便是借助集体的智慧——头脑风暴，在头脑风暴的过程中,有人想到的是功能,有人想到的是相关技术,还有人会想到某些场景或是一种感觉,借助大家不同的思维角度进行思维的碰撞,可以更好地帮助网课完成高目标的设计。

无论个人思考还是头脑风暴,都不要放过刹那间的感性感知,有时,正是这灵光一闪会带来意想不到的收获!面对问题,每个人都有自己习惯的思维方式和方法。多数人更习惯用理性思维去分析和操作,也有个别人是凭感性思维做出了成果。无论哪种思维方式,都会有视野的缺失。将两种思维方式结合起来进行思维发散,快速有效地想出更多的方案,会使网课的设计效率最高、效果最优。

番外 在创新思维中,能否达到集思广益,发散思维更多,也取决于人本身的阅历、经验和对生活的认知。只有内容不断丰富,发散思维的价值才会越来越高、体现才会越来越明显。网课的设计只有不受传统经验、习惯模式、思维定式的局限,才能突破常规和未知的堡垒,探索出属于自己的一片新天地。

宏大视野,全面出击

"立",是根据业务实践和实时变化,快速探索和整合经验方法,"立"出不在原有体系中的网课,为组织贡献至关重要的新鲜智慧。作为体系的补充,"立"就像榕树上新生的气根,独树一帜而又反哺主体。关于"立"也存在着两方面的问题,即"从哪里立"和"怎么立"。

从哪里立

"立"的来源主要有三个：问题、经验与变化。与"破"的有章可循相比，"立"看似缺少章法，却更能充分发挥网课快速灵活的优势。

从问题中"立"，是指从实际的绩效问题出发，经过系统的绩效分析与原因分析，诊断出问题与根因，并在解决方案中选择通过培训可以改进的部分开发成网课，或将解决方案中需要宣导传播的部分开发成网课。

从经验中"立"，是指找到业绩标杆、明星员工，请他们总结自己的经验，或者从身边成功的案例中发掘出有借鉴价值、可以复制的做法，然后再将这些经验和做法进行提炼，开发成网课进行推广。

从变化中"立"，是指当前的相关政策、制度、流程、技术、要求等发生新的变化时，将变化部分的内容加以整理，通过网课的方式进行快速传播。比如《驾考改革，改了些什么？》《中央定调：明年经济政策有哪些不同？》《"薪"中有数——读懂2018年改革方案中的新变化》等。

无论是"破"，还是"立"，都需要考虑到最终的选题，只有符合"简、短、用、新"四大特点，并且符合企业和社会大众需求的网课，才值得投入资源，进行优先开发。

怎么立

在了解了网课"从哪里立"的问题后，"怎么立"同样值得关注。这里，主要列举两种方式：在"破"题的两大入口和三板斧下，进入列要素和定主题的环节。

列要素：单维度与多维度拆解之后，就需要将拆出的要素一一列出。有的主题向下拆解是单一维度的，比如感冒的类型、换机油的步骤，遇到这种情况时，只需要将"学"与"用"两端的要素一一连线，酌情补充，就可以进入下一步"定主题"了。

但是，也有一些主题向下拆解时有多个维度，比如感冒的治疗方法，既可以拆成不同症状的对症疗法，也可以拆成不同人群的治疗方法，这时，每一行都可以作为一门网课主题，每一列也可以作为一门网课主题，行列交错的每一格亦可以作为一门网课主题。选择一行、一列还是一格，就要看内容的多少和交付的形式了。通常来讲，手机自学类的网课比较适合选一格，微信课堂或面授网课应设选一行或一列。举例，针对"老人感冒，可大可小"这样的主题，虽然主体是老人，但感冒涉及发烧、头疼、咳嗽、鼻塞等问题，这是"一列"的问题，所以更适合于微信课堂、面授或网课。针对"酸甜苦辣治鼻塞"这一主题，虽然只是鼻塞一个问题，但是涉及的人群和受众较广，针对孩子、成人或者老人，有不同的治疗方案，这是"一行"的问题，也适合于微信课堂、面授或网课。反之，如果主题定为"婴幼儿发烧红绿灯"，那么主题中只涉及孩子这一人群，只涉及发烧这一个问题，只考虑用手机自学的形式承载就可以了。

在实际的课程拆解中，经常会遇到需要多维甚至多次拆解的情况。比如，在一家通信企业的网课工作坊上，待拆解的课程是关于大客户经理的销售能力提升。第一轮拆解，按照整个销售的流程拆出客户调研、客户拜访、方案制定、成交跟单等环节；第二轮拆解，选择最关键的客户拜访环节，进一步按流程拆为开口寒暄、SPIN 探询、产品推介、讨价还价等步骤。这样拆完之后，大家发现，一方面这些步骤单独作为网课主题并不合适，无法支持课程受众完成独立的工作任务；另一方面，不同类型的通信业务在这些步骤上的操作差异甚大，比如固网业务，客户需求往往非常清晰简单，只要准确统计后按方案报价就行了，而一些应用类的产品，如各种软件，则在 SPIN 探询和产品推介上更有难度。这就需要进行新一轮的拆解，从流程和业务类型两个维度分别入手，结合从"用"出发拆解出课程受众的问题，列举出一系列网课课题，包括"开口寒暄三问题""两步锁定固网方案选择""四句话解释光纤带宽""企业信息化，到底怎么卖"等。

当然，对于绝大多数企业课程来说，立题没有这么复杂。但无论简单还是复杂，原理都是一样的：从破题后的"学""用"两端分别选择拆法，然后或单维或多维地将拆解后的要素一一列出。

定主题：不同场景有不同选择。但是，拆出来的主题是不是都适合开发成网课？还需要经过一轮选择和排序。选择的依据有二：一看是否匹配应用场景的要求，二看是否适合网课类型的长度。

一方面，从应用场景来看，主要有三，即系列网课、独立网课和配套网课。

系列网课，是将原有的课程全面更改为一系列网课，推送或要求目标受众按计划完成学习，多用于岗位必备技能或新产品、项目、技术、流程的推出。这类网课选题的标准是要有独立的、可检验的学习点，且确实是目标受众必须学习的内容。这类网课最初是课程拆解的主流，大家希望用它们彻底替代课程。但实际上，且不说前面提到的网课与课程各有所长，单看受众学习的动力就堪忧。即使是集合了包括斯坦福、耶鲁、普林斯顿等世界上最好的高校教育资源，MOOC 完课率也只有 4%~6%，甚至有调查表明，50% 的人注册之后就再也没有上过……因此，这类网课不宜过多、战线不能拉得太长，必须给出学习地图，让课程受众清晰地看到学习目标和轨迹。

独立网课，是从原有课程中抽取部分内容开发成网课，给特定人群学习或解决特定的问题，如提供给有一定基础的新人、频繁出现某类问题的员工或有岗位拓展学习需求者，受众根据自己的问题和兴趣选择学习。这类网课选题的标准是，一定要能独立支持受众完成一项现实工作中的任务或者解决一个实际场景下的问题。

配套网课，是在原有课程的基础上切分或衍生出与之匹配的几门网课作为课前预习或课后巩固的内容，与课程组合学习。这类网课选题的标准是必须支持翻转课堂的对应用途，如学习点的准备、常见场景的应用等。这类网课最好是由课程的讲授者进行拆解和再开发,才能保障与翻转课堂的最佳配合。

另一方面,从网课的类型来看,不同的网课都有其适用的长度和时间,主要包括现场面授网课、微信网课、互动网课、移动自学网课四大类。

现场面授网课,类似于很多企业会在晨夕会、班前会上安排学习,还有企业专门安排午间学习、"咖啡"时间学习、班后学习等不影响工作的短时学习,这类的网课要求以 15~45 分钟为宜。太短,不能解决问题,或是没有安排集中学习的必要;太长,则变成了大课,失去了此类网课设置的意义。

微信网课,是一种通过在线平台实现实时授课与互动的方式。它一方面突破了物理空间的限制,使得天南海北的教学双方能够跨越空间聚集在一起;另一方面,也保留了一定的现场感和互动性,超越了以往单向传播的局限性,使得学习者更有参与感。考虑到互动的延时性,这类网课以 30~60 分钟为宜。

互动网课,是利用电脑或者平板电脑进行学习和操作的方式,较之手机的触屏更加精细、清晰,具有更强的操作性。这类网课,往往以 5~15 分钟为宜。

移动自学网课,是目前最为流行的。这类网课以 5 分钟之内为宜。这是大多数手机使用者阅读一个链接时所能接受的时长,类似于现在市面上流行的火山小视频以及抖音小视频之类的短视频。

根据以上两点选定主题时,如果人手和精力不够,还可以再依据重要性和使用频率进行优先度的排序，优先开发其中与绩效连接紧密、受众广泛、使用率高的网课。

番外 网课主题为王，主题的设置，同样需要进行合理规范才能有效地支持个人或者企业的整体发展。无论是因循原有体系、课程、手册的"破"，还是来自问题、经验、变化的"立"；无论是"两个入口""三板斧"，还是"列好要素，定下主题"，都是网课体系中不可缺少的有机构成。

"定"，主题选择"不落陷阱"

主题，对网课的设计者们来说，犹如在挑战如何逃出迷宫，他们为课程主题的设置绞尽脑汁，苦思冥想，又得时时提防来自主题设置本身的"陷阱"。

很多人质疑网课，认为这种碎片化、松散型的模式破坏了学习的完整性，让学习者养成"快餐式的学习"习惯。其实，网课只是一种学习工具，使用效果取决于规划、管理与应用。尊重学习者，既要从形式设计上尊重其学习习惯，让网课"简单"起来，更要从内容规划上尊重其学习需求，让网课拒绝碎和散等问题。好的网课看似简单、轻松，却不是直接粗暴的碎和随心所欲的散，而是基于学习体系的严谨组合，加上依据业务实际的灵活应变。所以，避免主题设置散和碎，是设计好网课的关键。

"浑然一体",网课主题切记"碎"

之前说"破"的主要来源有三:课程、体系、手册。虽然相对于全新的开发,"破"是省时省力的,但无论哪一种破法,都需要考虑如何确保"破而不碎"。要做到"破而不碎",破题、选题、开发三个环节各有关窍。

破题:素材分析、应用分析

破题环节。无论是课程、体系还是手册,都不是从目录直接切分那么简单的,而是需要重新考虑课程受众的细分,并根据学习者的岗位职责、工作任务和实际场景进行划分。三种来源的破题方法都需要做素材分析和应用分析,侧重点根据实际情况各有不同。

从课程中破,需要注意的是,并非所有的课程都适合"破"成网课。课程"破"为网课主要有三种情形:一是综合考虑了受众特点和内容特点之后,将原有课程全面更改为网课进行学习;二是在基本保留原有课程的基础上,衍生出与之匹配的网课作为课前预习或者课后巩固的内容,与课程组合学习,一方面减少集中培训的时间,另一方面使学习与工作更紧密地结合;三是从原有课程中抽取部分内容开发成网课,给特定人群学习或解决特定的问题。

第一种情形相对简单,从原来的章节结构出发,明确每一学习点之间的关系和学习点与工作任务的关系,即可进入选题环节;第二种情形需要厘清学习任务之间的逻辑顺序,切出前置任务和后续任务，同时需要重新调整原有的课程，将切出的部分改为学习检查、分享或作业布置；第三种情形最复杂，需要根据新的学习需求重新定义内容，并从原有课程中选择素材。举例来说，某寿险公司为了让业务人员了解各种疾病理赔的相关知识，从而更好地服务客户，计划将原来理赔岗位的专业课程开发成网课供业务人员学习。由于学习者发生了变化，显然不能直接按照原来课程的逻辑切分成"××疾病基础知识""××疾病的诊断与鉴别""××疾病的受理方式""××疾病的理赔"等，而要根据业务员在面对这类客户时遇到的常见问题，重新定义主题和学习内容。如"糖尿病带病投保会怎样处理""高血压并发症如何理赔""肝病如何确定程度级别从而判断是否有可能骗保"，等等。根据这些主题，再选择原有课程中的对应内容作为网课开发的素材。

从体系中破。最大的优势在于体系规划完成了应用分析的部分，逻辑结构比较缜密。尤其是学习地图、任职资格等体系，好的体系规划不仅对应了具体的岗位，而且划分出了不同的层级和任务。从这些任务可以切分出基于流程步骤或方法要点的网课主题，其劣势在于学习内容要点往往不够充分细致，有方向但缺乏干货，需要在开发环节进行补充。另一种常见的问题是，规划是从工作任务推演到分级分类的学习内容，但从中"破"出网课时，却需要反推出与学习内容对应的工作任务。这一点并不容易，尤其是一些初级的学习内容，可能找不到与之直接对应的工作任务。以招聘岗位为例，需要了解和掌握人才测评的基础知识，如人才素质构成、常见测评方法等，这些基础知识支撑了招聘中的选拔流程设计和实施等工作，但并非其中的每一个学习点都能直接对应到具体任务。这种问题有两招解法：一是回归学习体系规划，定义出适合用课程夯实基础的内容和适合用网课快学快用的内容；二是反思学习点与任务的逻辑关系，确定学习点对应的前置任务或问题。比如，"职业兴趣测评什么时候用""心理测试效度有多高"等。

从手册中破，与从体系中破正好相反，最大的难点在于找出常见场景与问题。手册往往是内容的全覆盖，但正因其全，使用者找起所需内容时并不方便，而且大部分手册为了追求语言的规范性，可读性不强，所以，要从中"破"出网课，需要反过来从学习者的工作任务入手。举一个最简单的例子，每家公司都有财务制度，对于财务人员来说，当然必须熟知基本内容和关键条款，但对于绝大多数其他岗位的人员来说，需掌握的与财务制度相关的内容无非是上报预算计划、申请相关费用和日常账务报销等。所以，应针对这些人员的任务和问题，确定与此有关的主题，如"预算制定方法""费用审批注意事项""差旅报销流程""费用报销要求"等。

选题：标准判断、重要排序

选题环节。不是所有"破"出来的题都适合开发成网课，必须选择匹配网课"简、短、用、新"特点的主题。关键的判别标准在于：第一，"破"出来的题是否相对独立，能否独立支持课程受众完成一项现实工作中的任务或者解决一个实际场景下的问题，或者支持翻转课堂上的对应用途；第二，根据适宜的形式（现场面授网课、微信网课、互动网课、移动自学网课）确定对应的时长能否涵盖完成以上任务或解决对应问题必须学习的内容。符合这两点标准的主题，再根据重要性和使用频率进行优先度的排序，优先开发其中与绩效联结紧密、受众广泛、使用率高的网课。举例来说，华商基业的经典版权课程《4D课程开发》是一个系统性很强的课程，虽然从结构来看可以清晰地分成走进课程开发、需求分析、结构规划、内容开发、方法设计五大主体部分，其中，后面的四大主体部分每个部分又可分为三大步骤，看似可以拆分成一系列网课主题，但实际上这些主题并不都适合直接转化为网课。因为，课程开发是一个完整的过程，课程讲述者需要通过这四个部分引导课程受众一步步开发出最终的课程。

假设直接抽出结构规划中的列举要素环节，单独开发一门网课。试想一下，课程受众学完这门网课能做什么？能按照一定的方法列举出课程所涉及的要素，然后等待之后的网课的"下回分解"吗？这样的"连续剧"对于课程受众来说，不仅难以保持持久的注意力，还得不断重新回想之前已经渐渐模糊了的学习内容。因为，列举要素不是一个独立的工作任务，课程受众需要继续学习后面的内容才能完成完整的任务——开发课程。

那么，是不是这门课程不能"破"出网课、"选"出适合开发网课的主题来呢？其实不然，回归破题环节的课程受众细分之后，会发现：针对没有接触过课程开发的课程受众，《好课程长啥样》就是一门很好的入门网课；针对准备开发课程的课程受众，《两招教你备好粮草——课前调研方法》是一门合适的预备网课；针对有一定课程开发基础的课程受众，《像爱情表白一样说产品——产品介绍课程常见结构》则是一门解决问题的实用网课。

这几门网课，对应不同课程受众的实际需求，帮助课程学习者解决一个问题或完成一项任务，如判断课程是否符合企业优质课程的标准、完成课程开发前的调研和准备、设计产品介绍课程的结构等。可以根据实际情况，选择其中匹配当前需求的主题进行开发。

开发：审视内容、重整逻辑

开发环节。网课虽然体系较小、内容简约，但内容整合要求更加紧致精巧，并且引导课程受众完成学习循环的教学设计也不可缺失。即使是原来成型的课程，设计时也是按照大课的逻辑展开的，所以开发成网课时必须要重整，根据学习逻辑设计小而完整的教学过程，从开始的激发兴趣到最后的强化应用，在原来的课程小模块中不一定有，而从体系和手册中破出来的网课，更是在这一方面有着先天的不足，需要重新设计。

"破"，往往是由培训部门共同参与，而"立"，常常是由业务部门和业务专家直接进行开发。如何确保"立而不散"呢？网课因为有源自一线的"立"而生机勃勃，但来源不同的"立"也需要回归学习体系才能更好地发挥作用。

让"立"出来的网课归于体系，通常有三种做法：其一，如果是在原来任务、业务、产品、流程基础上的变化或遇到的新问题，在"立"出网课之后，都可以回归原来的体系，作为原有体系的补充。比如传统打卡更新为 APP 打卡，新的方法指引网课仍然在原有"人力资源——考勤"的类别之下。其二，围绕一个新的任务、业务、产品、流程的主题，"立"出系列网课后，可以分析变化、解决问题、总结经验，整合成为新的体系。比如通过微信网红团购产品的流程，可以从一次尝试开始，逐步"立"出产品选择、价格协商、让利谈判、跟踪推广等系列网课，从而形成体系。其三，如果是全新的任务、业务、产品、流程，由于积累和探索成果有限，刚开始可能无法形成体系，需要做好标签管理与定期积累、整理，一段时间后，再逐步形成体系。比如课程内容的管理，开始只是零碎的知识与经验心得，只要做好分类和标签管理，渐渐积累就会成型。

对于网课的"立"，平台管理者应该总体上秉持开放的态度，营造百家争鸣的氛围，同时在后台做好体系和类别的管理，一方面便于学习者搜寻和获取相关内容，另一方面也避免资源的重复开发。

总之，要想让网课"破而不碎""立而不散"，不能简单地"五马分尸""断章取义"，而是需要在破题、选题、开发三个环节围绕"破"做好文章，在原有体系中，在全新项目内，在发展运行中"立"好文章，真正地有利于网课的整体运行和有序发展。

番外 网课存在的根基是人们对于信息内容的本能渴求，因此越来越多的人选择购买网课学习充电。网课要有"灵魂"，所讲解的内容一定要垂直于受众需求的主题，并且植根于这个主题给受众分享更多的干货，这样才会让受众有更多的收获。

"心无旁骛",网课主题拒绝"散"

主题是网课的灵魂,决定着整体思想的强弱,课程内容的设置,制约着材料的取舍和组织。没有明确的主题,网课就如同没有灵魂的木偶,即使讲师在视频这端讲得天花乱坠,课程受众在视频另一端也会不知所云、不解其意。

苹果之父乔布斯每次在发言或讲话前都会对所要讲的内容进行定位,设定一个主题,让听众有一个全局性的了解。如乔布斯回归宣言的那场发布会,他在开始简洁的问候语后,就直接揭示了此次发布会的主题,即"如何让苹果重整旗鼓"——"非常感谢大家的热情欢迎……为使苹果重整旗鼓,我们将要采取一些措施"。网课也是如此,最开始时就要设定好课程主题。

确定主题应注意以下五点:第一是集中。一般来说,一个网课只能有一个主题,授课者必须围绕一个主题展开讲述。第二是鲜明。主题鲜明地传达课程内容,授课者对于所讲述的内容不能含糊不清。第三是正确。指观点见解、内容讲述具有积极意义,能取得良好的社会效应。第四是新颖独特。网课主题不能老生常谈、人云亦云。如此,才能激发受众的兴趣,给人以耳目一新的感觉。第五是深刻。如果想要所讲的课程一鸣惊人,那么所提出的主张和见解必须能揭示事物的本质,能使课程受众受到启发,从感性认识上升为理性认识,特别是对于一些社会评论性的网课来说,更应当如此。

如果说主题是网课的"灵魂",结构是网课的"骨架",那么,材料就是网课的"血肉"。网课是否能吸引人,能否实现课程的真正目标,材料的收集和选用至关重要。对于主题相关材料的寻找,除了前面提及的头脑风暴、理智思考等途径外,网课的主题往往是在大量材料的积累基础上形成的。从一定意义上来说,准备工作中,最难的就是材料的收集和查找。

要想使网课获得成功,必须占有大量的材料;要想占有大量的材料,必须随时随地做好积累工作和整理工作,收集好资料。每个人的时间和精力都是有限的,因此,要想做好网课的设计,就必须有目的、有计划地收集材料,紧紧围绕课程的主题收集材料。在材料的收集整理过程中,需要注意:首先,要勤于收集。即勤听、勤看、勤于记录。要不辞劳苦,持之以恒,积少成多。要广泛采撷,精于筛选。其次,要善于整理。收集的原始材料是零散的、无序的,要使之系统化、条理化。在整理过程中,不仅可以熟悉材料,加深理解,还可以对材料进行比较、分析和鉴别,去伪存真,去粗取精。最后,在收集材料的过程中,要善于发现新意。经验丰富的网课设计者,都会用敏锐的洞察力,对所收集的材料进行研究,从中发掘新意,使之具有新的内涵、新的色彩。因为只有这样,才能传播给受众未曾听过的内容,才能让他们得到新的知识、新的启迪,也才能让他们接受授课者的观点。

要特别强调的是,网课的主题在很大程度上影响着学员的学习意愿。让主题看上去吸引受众的注意,是网课包装的点睛之笔。设计具有吸引力的网课主题,有两大方法:一是"用",二是"趣"。

对于"用"来说,首先是突出利益,免费、赚钱、升职快等。比如"让你过上体面的退休生活"就比"企业年金知多少"要吸引人,而"三天拿到新人奖"这种"赤裸裸"而又"简单粗暴"的主题恰恰最能点燃大家的学习热情。其次是在主题设计上要能解决问题,如何、怎样、为什么等。比如"如何搞定培训开场""怎样避免演讲忘词""预约顾客比预约专家号还难"这样开门见山的主题设置,简单直接,可击中受众的痛点,不失为好的选择。最后是简单易学,四招、五步、三分钟等。比如"三步吃透番茄工作法""一分钟让你的 PPT 大变样"等,受众也许会因为不耽误什么时间愿意点开看看,而如果是对此类问题原本就有兴趣,更会因为简单易行而愿意学习了。

对于"趣"来说,首先是"抱大腿",引用明星、专家、老板语录等,例如《扎克伯格都做减法了,你呢?》《孩子发烧了?李小璐说,不怕!》。其次是追潮流,借用热点、热词、热门影视等,例如《小主的孕事——全面解读三期福利》《世界那么大,带啥相机看?——单反机选购攻略》。最后也要吸眼球,巧用谐音、符号、数字等修辞手法,例如《R!芝麻开门!——PAR 话术中 R 的咒语》《别让人情单成为无情单》《321,让你的学习社群活跃起来》。

蹈机握杼——网课内容应具"声色妙计"

曾几何时,"学"与"趣"是完全对立的两个概念,似乎学习就应该是一副"正襟危坐"的模样。时至今日,很多课堂上维系注意力的方式仍是以约束为主。其实,"趣"本来就是"学"的引子,对于大多数人来说,"趣"不仅是激发学习的动力,而且能大大提高学习效果。

网课是模拟一对一的教学情景，区别于一对多课堂教学，网课注重讲授者的课堂教学，更注重课程受众的学习，在较短的时间内讲授一个知识点。网课不但要避免黑板搬家，还要解决传统教学很难解决的重点、难点问题。网课设定的方法和规律，只有深入研讨、细致探究后才能得其真谛。举一个简单的例子，阅读历史课本让许多人觉得枯燥无比，且有可能学过就忘，但《明朝那些事儿》这样趣说历史的方式，又让多少人手不释卷、记忆深刻？可见，方法是能够决定网课成败的。"学"与"趣"不是对立，而是互为辅助，有趣则愿意学、学得进，学到的东西有用则进一步激发兴趣，只有贵在得法，有"声"有"色"，方能进退自如，一招制胜。

有"声"，让网课"情感充沛"

有句广告词"没声音，再好的戏也出不来"，从一定程度上表明声音对于电影、电视剧等文学艺术作品的重要性。这一点同样适用于网课的设计与讲授。声音对于人们传达观念、思想、文化的意义十分重大，尤其是在表达特有的情感方面，有着不能替代的作用。一门成功的网课，必然是情感充沛的，让人们听到后感到舒适的。能激发人们学习欲望的网课，才是真正有魅力的网课。

情感，使网络课程生机盎然

如何让网课富有情感，让受众感到鲜活有趣，是网课设计者需要充分考虑的事情。对于每个普通人来说，情感有很多种，如生气、厌恶、悲伤、快乐、恐惧和惊讶，以及以上各种情感的变种。让网课富有情感，并非一件容易的事情，需要网课的创作者和设计者对此有强烈的意识，并采用科学的方法，循序渐进，方可实现。

在内容中融入情感

在进行网课设计时，课程的内容与讲述方式是首先要考虑的问题，做好这部分工作之后，为网课赋予"情感"就成为下一步的关键工作。其实，在进行网课内容撰写的时候，就应当提前谋划哪些部分是可以充满情感的，可以用情感加强的，从而给受众更好的学习享受。人们对于触发自己情感的东西，往往会印象深刻，这与他们掌握课程内容的程度是成正比的。

对于网课的情感表达，并不要求统一，而是鼓励多种多样，各具特色。这需要网课的设计者有针对性地进行分析，自己设计的网课，应该具备怎样的情感，而为了将自己想要传达的情感准确无误地带给观众，又应该遵循什么样的方法。确定了这些,才可能指引下一步的行动,让整个网课在需要情感爆发的时候,不会显得平淡无味,从而实现让受众更好接受的效果。

用声音的魅力传递情感

情感的表达方式虽有多样,一些动作也可以让情感得以表现,但是对于网课来说,其本质仍然是有声语言的创作活动,声之于形仍然是网课的核心,因此网课的情感,很大部分仍然需要声音来表达。这就需要网课设计者和讲述者非常了解自己的声音,并且能驾驭自己的声音,发挥声音的吸引力,发挥声音的色彩感。

网课讲述者驾驭自己的声音,需要掌握正确的发声方法。要掌握气息控制,这样才能确保在网课讲述的过程中,精神达到饱满集中的状态。网课讲述者要学会气息下沉、喉部放松,不僵不挤、声音贯通、字音轻弹、如珠如流、气随情动、声随情走。网课讲述者,还需要掌握重音、停连、语气、节奏等有声语言表达的外部技巧;内在语、对象感、情景再现是有声语言的内部技巧。只有做到上述这些要求,网课设计者在内容中蕴含的、需要用语言表达的情感,才能精准地传递给受众。

网课讲述者发挥声音的吸引力,还需要注重声音的共鸣。声音发出的喉原音很微弱,在经过共鸣后才可扩大、美化,形成不同的语音音色,形成不同的声音色彩。网课的讲述者应该通过锻炼使自己具有共鸣音,形成具有自己特点的共鸣方式。这对网课授课者的声音提出了很高要求,一要泛音适量;二要声束集中;三要字音清晰;四要声音自然。共鸣是声音传递和情感表达的形成基础，同时也影响着意义之外的声音色彩。恰当地使用共鸣，可以改善声音色彩，美化声音，使声音更富于表现力。

网课讲述者注重声音的色彩感，是为了更好地发挥声音的魅力。声音的色彩虽然看不见、摸不着，但用心去听，就能实实在在感觉到它的存在，并会因此让听者有无穷的想象力。网课离不开听觉的支撑。声音的色彩既是天生固有的，又能够在一定范围内有所改变，这就更让声音具有了特别的魅力。

总而言之，发挥声音的魅力，让其传递网课中的情感，是网课的核心要素，是构建网课系统的关键一环。

根据网课主题选择声音

正如上文所言，声音是网课传递情感的绝佳途径，不过讲述网课时，声音的选择与把控也绝非千篇一律。根据主题的不同，应该选择更容易表达的声音，使主题与声音相得益彰，呈现更好的效果。

如以幼儿及小学生为主要受众的知识讲述类网课，在进行声音选择的时候，要以活泼与清亮的声音为主，这样的声音容易将幼儿及小学生的注意力集中起来，并且活泼的语言也容易将课程内容中蕴含的情感表达得更加充分。

如一些针对社会工作人员资格考试类的网络课程，声音则以稳重、平和为主，参与这些网络课程的人们，相对经验都比较丰富，以平等交流的声音，结合实例将一些知识点娓娓道来，更容易引起他们的共鸣，让他们回忆起工作与理论的实际联系，加深印象，产生理论指导实践的效果。

总而言之，网课根据主题的不同，在声音选择方面应该有独特的思量，精彩的网课主题搭配适宜的声音讲述，能让受众感觉到物有所值，感觉到网课设计者与讲述者的匠心。

声音表达情感应该注意的问题

所谓"感人心者，莫过于情"，只有讲述者赋予声音以情感，才能激发听者学习的积极性，因此，在讲述网课，用声音传递情感的时候，应该注意一些问题。

一方面，网课的讲述者要通过语言，将课程内容以及课程中所设计的情感，传递给受众，让他们充分体验课程内容中的情感，深入感知课程的内容，从而在学习网课的过程中感受到乐趣和满足；另一方面，讲述者要时刻通过课程内容表达自己的情感态度。除了表达作品内容中蕴含的情感之外，讲述者还可以用声音重新营造及设计一些画面，来将情感更好地表达出来，多利用语气、语调乃至表情和动作，使其互相配合，更好地传递情感，增强声音的感染力。

总而言之，在用声音表达网课的情感时，应注意恰当地表现课程内容中所包含的欢快、喜悦、温暖、伤心、友爱、赞赏等情绪，带领听者进入教学的内容里面，这对于网课讲述者而言是非常重要的一个方面。作为一名网课的设计者与讲述者，必须学会在教学过程中不断地实践，不断地总结，不断地提升，才能让课程的设计与讲述越来越有吸引力，最终实现教学效果的提升。

番外 情感，是一门成功网课的必备要素，在进行网课设计的时候，需要根据其内容融入能够引发受众共鸣的情感要素，让网课具备更强的吸引力。在网课中，情感的表达首先需要依靠声音，发挥声音的魅力，这就需要网课的讲述者学会驾驭声音，发挥声音的吸引力，注重声音的色彩感，坚持"以情带声""以声传情"的正确途径。除却声音，表情、动作等也是传递情感的重要因素，在网课设计的过程中，需要结合网课的内容，加入适当的动作语言，来展示情感，更需要了解网课讲述过程中，情感表达的一些禁忌，让网课的情感设计更加贴合人们的心理需求。

音乐，给网络课程锦上添花

音乐是全世界共同的语言，具有神奇的力量，无论是电影、电视剧，还是话剧、舞台剧，都会把音乐作为烘托主题的方式。在网课的设计中，背景音乐也已经被大范围引入，在网课的讲述过程中，加入一些适宜的背景音乐，对于增强网课内容的情感表达大有裨益。

背景音乐作用大

成功网课的实践已经证明，在授课的过程中如果播放恰当的主题音乐，不仅能打破沉闷、压抑的课堂氛围，讲授者本身也能更好地进入状态，教学双方更容易达到轻松愉快的互动，使课程取得事半功倍的效果。

网课的背景音能够调动课程受众积极参与、正面思考。如果在网课授课的开始前放一段节奏感强的音乐，往往能够把课程受众的情绪调动起来，好似吹响了进军号。好的网课的背景音乐是能够激发课程受众藏于内心的激情和动力的。

音乐选择有技巧

正因为背景音乐对网课的讲述有很好的效果，如何选择好音乐，用好音乐，就成为一个非常重要的问题。网课通常分开始、课间休息和结束三个阶段。无论是短期的还是长期的网课，在开场时使用合适的音乐，可以迅速拉近授课者和课程受众之间的距离，可选用一些温馨的歌曲或音乐。时间较长的课程，授课者可以充分利用中间思考或者休息的时间播放像《卡布里的月光》之类的音乐，让课程受众在轻松愉快的环境中适当缓解听课的紧张和压力。

网课中使用的音乐，都必须是经过精心挑选的，是紧扣网课的大主题和方向的，是积极向上正面温馨的。使用前，授课者应该通过演练，确保语言、课件和音乐三者之间的相互协调、相辅相成。

音乐使用多注意

网课在使用音乐的时候，也不能是随心所欲的，需要注意很多问题。首先，音乐是配合网课存在的，特别是背景音乐，不能抢了课程内容的风头，喧宾夺主，让人们的注意力跑到音乐上面。其次，音乐在开启时，一定是由低到高，渐渐增强，声音大小要适中，以听者感觉舒服为标准。再次，网课的开始音乐第一声要具有吸引力,课程开始讲述后,背景音乐要逐渐降低音量,只起到背景的作用。最后,应注意配合授课者的语调和情绪的变化,掌控背景音乐音量,使背景音乐有起伏感。

番外 将音乐放入网课是一种寓教于乐的导入方法,既能让课程受众做好进入学习状态的心理准备,又能让课程受众从呆板、紧张和单调的学习环境中解脱出来,对于激发兴趣和分散难点,调节课程受众的学习情绪起到重要的作用,有助于课程受众巩固和记忆所学知识,同时也能将美育寓于网课之中。

有"色",让网课回味无穷

有这么一个故事:古时候,一个秀才买柴,曰:"荷薪者过来。"卖柴者因为"过来"两个字而明白,走到他的前面。问曰:"其价几何?"因为"价"字,明白是在询问价格。秀才又曰:"外实而内虚,烟多而焰少,请损之。"卖柴者不知道秀才说的是什么,挑担离去。可见在日常的沟通中,必须把握住两大核心:一是"说人话";二是"深入浅出"。这是与人交流时的关键,更是网络课程语言的核心。在网课的设计中,要巧用视图,恰当地用"比、例、图"说"人话",并且要掌握"深入浅出"的秘诀。

巧用视图,营造"怦然心动"

在网课中,最为常用的"说人话"的方式是巧用视图,用"比、例、图"的方式进行展现,比,就是类比、对比;例,即是举例与示例;图,则是图片。下面通过具体案例看一看,如何在网课中巧用"比、例、图"。

比

"比",在实际应用中主要有三种情况:第一种,在引用一个新的、课程受众所不知道的概念与理论时,可以进行类比;第二种,当需要将复杂的事情简单讲述时,可以进行类比;第三种,当需要说明或者强化特定的要点时,可以进行对比。

类比是通俗化的神器。类比的使用原理是这样的:为了让对方明白他现在不明白的 X,找一个他原来熟悉的 A;然后告诉他在某方面来看,X 就约等于 A;再把 A 与 X 相像的地方讲清楚;最后 X 的那一方面也就不言自明了……一个非常精准的类比,其本质的作用就是在已知和未知的鸿沟之上搭建一座虚拟的桥,帮助对方完成穿越或思考。很多时候,类比可能是唯一完成搭桥的方式。通过类比的表达技巧,瞬间可以使很多人产生共鸣。

在网课中,经常会遇到需要解释新理念的情况,类比能够很好地帮助课程受众从旧的知识转向新的知识。比如在网课《选对润滑油真的能够节省燃油吗》中,除了展示相应的数据外,如果能够解释原理,很显然会更加有说服力,但原理中"降摩擦"和"自清洁"等专业性词汇不太容易被理解,因此,开发者用在冰面上推车较为省力的现实原理来说明"降摩擦"的作用；用酸奶给螺丝除锈以后反而好拧螺丝来解释"自清洁"的作用，从而让受众从现实生活的经验出发，理解了润滑油省油的原理。

将复杂的问题简单化，同样可以使用类比的方式，比如想要说明多个要点的关系或者描述整个流程等，就可以使用类比的方式让学习者与熟悉的事物建立起联系。比如在《我该找谁筹资》这门课程中，就是用从蛋到小鸡、大鸡，再到鸡群、养鸡场的过程，类比说明资金在不同阶段的作用。

对比在网课中也经常使用，当需要特别说明或者强调某一个要点或者某一个特质时，可以找到相对应的参照物进行对比，比如，在设计网课时，可以将资金存管和资金托管进行对比，将货币资金与定期存款的收益进行对比，将美妆前后的视觉效果进行对比。

例

"例"，同样属于搭桥式的方式，主要有两种应用的场景：一方面是加深理解，就是帮助课程受众从"不懂"到"懂"；另一方面就是促进应用，也就是帮助课程受众从"懂"到"会"。

当发现有些学习点可能存在理解障碍或者偏差时，可以用举例子的方式进行辅助说明。例如，想要说明"改革创新可以带来红利"，一个简单的例子就可以说明：同样的人，同样的地，因为经济体制的改革——包产到户，使产量得到显著的提升，农民收入大幅增加，这个提升和增加的部分就是改革的红利；再比如，同样的人，同样的地，使用了袁隆平的杂交水稻技术，产量就上升了，这个产量的上升就是创新的红利。

另一种应用情景就是，在将理论、方法、工具讲清楚之后，为了让课程受众更好地运用，先给出一个实例，就像学物理、数学一样，学习完公式后，老师往往会先讲一个例题，再让学生去做练习。这种应用在技能类的网课中尤为常见，特别是在非实时互动的网课中，如微信课堂或者移动自学网课，由于缺乏现场反馈，通过举例能够引导课程受众正确地应用，"举例"就显得更为重要。

图

一图有时胜过千言。图，无疑是网课呈现的重要一环，在讨论好的网课的标准时，大家一定都会不约而同地提到"图文并茂"，网课中的"图"主要有四种：图示、数据图表、实物图和包装图。

第一种是图示，包括单个图示和关系图示。单个图示指的是示意图，用图片替代或强化文字，让人一目了然地获得信息。关系图示指的是 PPT 里的 Smart Arts 和类似的图形，用于说明彼此之间的关系，包括列表、流程、循环等。图示在任何网课中都可以使用，大部分人也都会使用，只是比较容易出现"哪个好看选哪个"的误区，而没有考虑到图示的核心作用——说明关系。

第二种是数据图表，用来展示和说明数据，包括对比的数据。随着大数据的普及，数据图表的应用变得越来越多，甚至有些网课就是以数据图表为主，通过图表展示数据来说明问题。

第三种是实物图,包括照片、截屏、实拍视频等,用于展示具体内容。关于实物图,最容易产生的问题是由于屏幕太小或者横屏转竖屏不得不压缩而导致图片看不清楚。针对这样的问题,可以通过局部放大,突出细节或抽象简化的方式,突出要表现的内容。比如网课《黑猫警长教您识别百元变造币》中,通过抽象简化的方式体现伪造变造币的方式,较之使用真实的图片效果更好。

第四种是包装图,用于提升网课的整体感,如《树懒变闪电——提高柜员工作实效》中的树懒"闪电"剧照、《梅长苏三招分析团队报表》中的"梅长苏"卡通图。网课使用这些图片,不仅更具有趣味性和可观性,还能够通过激活左右脑的链接,让课程的受众记忆更加持久、深刻。关于包装图,最容易出现的误区是"乱",比如在第一页设计为成龙,第二页是大白,第三页是某个美女,第四页是非主流、火星文等,这样凌乱的包装图会使视觉效果大打折扣。

"说人话"的建议首先要做到通俗易懂,简单直接。在网课设计中,虽然有时候需要化繁就简。但对于一些专业的名词、术语要坚持规范化,切忌随意简称。但在规范的前提下,尽量通俗化,比如说"物流损",不如说"运输过程中的损坏"更好理解。一些书面化的语言可以变得口语化,但绝不是指过于个人色彩的自创语言,而是要用大众能接受的口语化的方式表达。其次,要关注受众,关注"人"的需求。不是只要简单直白就可以。切忌以复读机式的语言去授课、去沟通,要注重情感的变化，要时刻关注课程受众的需求。最后，精准信息，提高价值。"说人话"的关键是能精准地提供课程受众所需要的信息，提高语言的效率，快速给出受众需要的信息，并且用他们能够理解的方式。

番外 "比、例、图"本身并不难，都是我们经常有意识或无意识使用的方法，前面分别说明了"比、例、图"在网课中应用的情境和一些误区，除此之外，在运用"比、例、图"的过程中，还有两点共同的注意事项：一是明确关键落差，二是发掘相关已知。

"深入浅出"，窥破"不泄天机"

从网课的设计之初开始，常常会听到课程的讲解需要"按时分粮"，且要"深入浅出"。但是实际上，"深入浅出"已成为刚"出道"的网课设计者最为苦恼的目标。

什么是"深入浅出"？所谓"深入"是指网络课程内容有意义、有一定深度，授课者在讲授前对将要传达的内容已有了较为深刻、透彻的掌握。所谓"浅出"就是授课者用浅显易懂的语言将有深度的信息表述出来，使课程受众易于理解，并能实践于生活之中。在设计网课时应该如何掌握"深入浅出"的秘诀？

避免"浅出"未"深入"

"浅出"却未"深入"的网课很多时候会变成一场见证会、

故事会。一些网课的课程设计者为迎合课程受众的听课取向，用一些故事将课程串联起来，使课程整体来看充满趣味和故事性，使课程受众沉浸在故事和见证中。但是，只有通俗易懂的"浅出"而无"深入"，这样的信息在根基上是有问题的。只用案例和故事"串烧"的课程往往只是迎合课程受众的喜好，在知识的传递中存在很大问题。信息是从书本和基础知识中传递出来的，若不建基于原有的知识进行解释，就容易落入不能深入内容而只注重形式的"牢笼"。网课的课程讲授者所传递的信息并不只是自己的观点的呈现，而是要以讲授足够的知识为基础。因此，讲授者必须先引导课程受众深入知识。

避免"深入"未"浅出"

"深入"未"浅出"的授课者在课程讲述时，或者对所讲知识点和内容没有完全吃透，或者表达能力有限，也可能经验不足，讲述时照本宣科，许多专业术语或难解的名词成了信息传递的障碍，使课程讲述太过理论化，授课者讲得辛苦，课程受众听得费劲。教、学双方自然就有了疏离感。但是，只要掌握一定的方法，加上长期的训练，就能够摆脱此类问题和状况，渐入"深入浅出"的佳境。

既要"深入"又要"浅出"

真正"深入浅出"的信息传递，是既能简明扼要地传递信息，又能使深刻的道理不会因为简明失去准确性。这里给大家介绍一个简单的方式："利用对方的已有认知建基模"。

首先，先看一下这样一个问题：对于所有人来说都很困难的任务——在短时间内,向零基础的人解释一个复杂的概念,这意味着需要在简单的信息中装进更多的内容。这时候你只要"利用对方的已有认知建基模",就可以很快让对方理解。

"基模"是一个心理学术语,即每个人的基本认知结构。例如,要介绍一种叫碧根果的干果,如果你和朋友说,碧根果长在树上,外面有厚皮,里面有果仁,吃起来很香,他如果没见过碧根果,肯定不知道你在说什么。但假如你说,碧根果就像小一号的核桃,但核桃是圆的,它是椭圆形两头尖的。核桃壳厚,它壳薄,用手能剥开,吃起来比核桃更脆。他就能大概知道碧根果是什么样了吧。在这里,核桃就是一个基模。

对一个完全不具备背景知识的人,利用他已经具备的基本认知结构,再补充说明,他理解起来就容易多了。为什么要用基模来处理信息呢?因为这个世界太复杂,信息量太庞大,人脑不可能全部记住和理解。所以,大脑只能靠各种基模来简化信息,巧妙"利用对方的已有认知建基模",有助于学习者理解复杂抽象的概念。

如果想让别人迅速理解一个全新的概念,就一定要利用对方的基模。但是,值得注意的是,在"利用对方的已有认知建基模"的时候,有的基模很可能产生歧义,引起误会。还有一点必须强调,你用的"对方已有认知中的基模"不同,产生的影响可能会南辕北辙。比如,有人在肯德基被开水烫伤,如果他索赔时说:"我要求赔偿500万美元",大家都会觉得是狮子大开口。但是,如果他说"我要求肯德基拿出当天销售额的千分之一作为赔偿,同时也是对他们的一个警示",听起来合理多了吧?所以,用对基模很重要,这也就是"利用对方的已有认知建基模"的力量。

> **番外** 南怀瑾先生在《孟子与尽心篇》中提及:"一个真正的学问家,讲话要深入浅出,将高深的学问用简单明了的语言说出来,让没有读过书的人也都听得懂,不要玩弄自己的学问。使人懂是他的责任,并不是要使学生认为自己崇高,而故意讲得让人不懂。"这就是"深入浅出"的真正魅力吧!

有"妙计",让课程过目不忘

网课革新了传统的教学与教研方式,突破了学术传授者传统的听评课模式,成为课程传授者专业成长的重要途径之一。同时,网课更好地满足了课程受众对不同学科知识点的个性化学习、按需选择、按时分配等需求。随着信息与通信技术的快速发展,众多网课纷繁复杂,如何设计一门好的网课,让课程达到"过目不忘"的效果呢?接下来,从两个方面提供一些建议。

方法决定一切

一门网课要想让人有继续了解下去的欲望,内容结局固然重要,但是一个好的开头与引入不仅能提起课程受众的兴趣,想要快速进入对课程内容的学习,还能提升网课的整体质量。因此,网课营造好的开头与导入是至关重要的。

导入是网课的先导、序曲或铺垫,也是网课的重要环节和组成部分,具有回顾旧知、激活经验、创设情景、激发动机、调动情感、调整情绪、增进志趣,帮助学习者在最短时间进入最佳学习状态等重要作用。不同的导入方法适合不同类型的网课,主要有以下十种方式。

设定导入法

亚里士多德说过:"思维是从疑问和惊奇开始的。"疑问是思维的助推剂,它能激活课程受众的求知欲,调动课程受众思维的积极性和主动性。根据网课的设计目标和课程实际,巧设疑难,创设问题情境、激发兴趣、启发思维,让课程受众在问题面前自求自得。设问是网课常用的导入方法。网课中的设问恰似一条无形的"牵引线",把一颗颗分散细小的知识"珍珠"串联起来。

举个例子,在讲授英语绘本 *Snake is Going Away* 的课程时,故事伊始,设置提问:Where and why is Snake going away?(小蛇去哪里?为什么要离开?)带着问题,课程受众读了一页又一页:小蛇在道别的过程中碰到了不同的动物朋友,这些朋友都表示出依依不舍,但是故事情节中没有具体说明小蛇去哪里了。这时课程受众的疑问促使他们的好奇心到达了顶点,探究的欲望驱使他们想要阅读下文,课程讲述者陆续讲述,课程受众迫不及待地倾听,心里的疑问也在倾听的过程中得到解决。课程受众就这样在问题的引导下，慢慢地步入了情境之中，引发自主探究，学习兴趣也进一步得到提升。

运用设问导入法进行网课导入时，注意在导入（开头）、主体（中间）和收束（结尾）三个阶段都要合理设计问题，做到整门课都以问题为主线，环环相扣、层层递进、首尾呼应、一气呵成。同时，问题设置必须有梯度，这是由于面对的课程受众具有多样性，设置难度系数不同的问题，让每个课程受众都有意愿去参与。

新闻、趣事、典故、故事导入法

新闻具有时效性，报道的通常是公众近期感兴趣的热点人物和事件。网课的设计者应善于挖掘新闻、趣事、典故、故事与网课学习主题（知识点）之间看似无关的隐性联系。

例如，以新闻"天津港'8·12'危险品仓库爆炸事故"为导入，可以引出化学、环境科学、管理科学、消防、法律、保险等学科专业的相应知识点，讲述危险品的分类储存、搬运、预防措施、灭火方法、与居住区的合法距离，危险品企业的安全管理、行政监管、员工安全教育，事故相关人员的法律责任、事故相关人员财产的保险赔偿、事故发生地的环境评估与环境重建等众多课程。

情境导入法

情境导入法的理论依据是建构主义和情境学理论。网课的情境导入法是指巧妙利用各种现代信息技术手段，创设出符合课程受众需要的情境，包括故事情境、问题情境、游戏情境、协作情境、仿真虚拟情境、角色扮演情境等，引起学习者注意，激发学习兴趣，引起强烈探究欲望，启发深度思考，引导学习方向，使其进入积极、主动、高效的学习状态。

复习导入法

对于复习型的网课或前后知识点联系比较紧密的网课，可采取复习回顾型导入，通过知识点回顾、提问、小结、提炼，配以概念图、思维导图等可视化方法，回顾旧知、激活经验，建立新旧知识点的联系。

设计这一类网课的导入，要求创作者认真、细致地梳理清楚新旧课程之间知识点的内在联系，精心设计导语使其成为联系新旧知识点的桥梁和纽带，发挥承上启下、温故知新的作用，以达到最佳教学效果。通过提问复习和新课内容密切相关的已学知识、唤醒先前经验，往往 2~3 个提问就可以引起学生的积极思考，自然而然地过渡到主体部分。

对比导入法

对比导入法适用于网课的课程后期，当课程进行到最后时，课程受众很容易对课程的部分内容产生混淆和疑惑。此时可采用类比、对照等网课的导入方法，强化课程受众有可能感到陌生、抽象或易错、易混淆的知识点。

倒叙与悬念导入法

新闻、趣事、典故、故事导入法在实际运用时，往往与倒叙与悬念导入法一并使用，通过倒叙法巧妙设置悬念，时机成熟后再引出课程主题。

典型案例导入法

案例教学法是目前被广泛采用的网课方法之一。以典型案例的导入引出学习主题,具有真实可信、鲜活生动等优势。值得注意的是,在具体运用中必须把握住三点:一是案例选择要精当,二是要有必要的知识储备,三是要注意引导案例分析、小组讨论的方向。

演示导入法

演示实验属于直观教学,教师通过演示实验过程,展示实验现象,引导学生观察、思考、分析实验现象,得出结论。演示实验具有直观性、趣味性、过程性、变化性和启发性等特点,为学习者提供直观、丰富、系统的感性材料,创设出理想的教学环境,充分发挥授课人的引导和示范作用。

作为网课导入的演示实验,因为导入时间宜短不宜长,所以无须完整演示整个实验过程,可采用倒叙与设置悬念法——集中展示最精彩、最神奇、最有悬念、最具震撼效果的部分,再设置疑团,引出演示实验背后的概念、原理等知识点(技能点)。通常选取有违常理或现象奇特的演示实验、与佯谬相矛盾的演示实验、"惊险"的演示实验(如化学魔术)、与现实生活相关的演示实验。

多媒体导入法

传统的课堂多采用单一媒体进行导入,不太重视多媒体在导入中的应用。网课的导入可以灵活综合运用文本、图形、图像、图表、音频(音乐)、动画、视频、概念图、思维导图等,充分发挥多媒体的互补优势，使导入时间更短、更动态、更可视化、更富内涵。数字故事是融教育性、哲理性、趣味性、艺术性于一体的多媒体形式，是网课高效、常用的多媒体导入方式。

混合法

所谓混合法，顾名思义就是在前面的九种方式的基础上，依据网课的课程需要，进行适当的混合和巧妙搭配。

当然，网课导入方法不止以上十种，并且不同学科专业的网课还有其特殊的导入方式与方法。以上十种网课导入法在具体运用时，一要根据实际情况灵活选用，二要巧妙组合运用，三要语言精练、有画面感，综合配合才能实现最佳效果。

番外 "良好的开端是成功的一半"，设计好网课的开头，对于网课的表达是至关重要的。漂亮的开头和有内容的网课的课程引入有两个显著的作用：一是能够迅速打开局面，引入主题，使课程内容顺利开展；二是能够抓住课程受众的注意力，在短时间内"先声夺人"，带来更多的关注与流量。

态度决定成败

态度决定成败，对于网课的设计与讲述亦是如此，想要打造一门令人过目不忘，具有强烈吸引力的网课，除了需要掌握科学的方式方法之外，一个坚定的态度是不能缺少的。信息时代到来后，一个新的领域、一个新的风口一旦被发现，瞬间就会涌入大量的参与者，但是并非所有的参与者都能够得偿所愿，成功者有时不仅仅是他们拥有过人的才华、得当的方法，更重要的是，他们拥有必胜的信念。

网课设计并非一蹴而就，从主题的选择，到内容的拟定，到精彩环节的设置，到最后的宣传推广，每一步都很艰辛。网课的设计有妙法，态度是决定成败的一大关键。我们只有秉持积极、乐观、执着的态度，才能够在网课创作的艰辛过程中体验到乐趣，克服重重的困境，最终取得理想的效果。

番外 古人在描述做一件事情的时候，经常会说"非不能也，实不为也"。态度决定成败，自古至今皆是如此。在进行网课创作过程中，积极向上的、不畏艰辛的、乐观主动的态度是做好网课，让其得到受众认可的不二法门。

茅塞顿开——网课设计可代答疑解惑

　　以问题为主导的网课要求授课者通过对课程标准、课程内容、课程讲述方式与评价，以及学与教的过程、课前自主学习与课后巩固的思考，将"课程讲述的内容与核心"拆成思考的问题，再进一步设计网课的流程，以便展开屏幕两端的交流。因此，以问题为主导的网课不再按照课程应有的顺序展开，而是授课者根据课程流程展开的彼此自由的对话。课程受众也因此很容易建立起新旧知识的联系，随即产生灵感，生发出一些精彩且充满智慧的课程"对话"。

问题是通向理解之门的钥匙，好的问题能够激发课程受众的探究欲望，引发高质量的思考。以问题为主导的网课的主线非常清楚，只需持续围绕一个核心问题进行讨论，焦点明确即可。设计较好的以问题为主导的网课，能够将问题进行由浅至深的讨论，带领课程受众一步步深入学习，掌握探究和解决问题的能力与方法。

问题做"针线"，缝制网课"衣"

　　一门以问题为主线，围绕问题展开讨论的网课，即问题型网课。同时，根据网课中问题类型的不同，形成的问题型网课的风格也会有所差别。在问题型的网课中比较常见的问题类型有："是什么""为什么""怎么样"，还有"怎么做"的问题。其中"是什么"表示事实性的问题，如"什么是方程式"；"为什么"表示探究原因的问题，如"车轮为什么是圆的"；"怎么做"或者"怎么样"表示的是寻找解决问题的方法和做法，如"蚂蚁怎么离洞穴最近"；以及某种事物所呈现的状态和形式，如"将西瓜横切一刀,竖切一刀之后,西瓜会有几块"。除此之外,还有"若何",就是假设性的问题,如"例如什么,会怎样"。

以上,就是常见的以问题为主线的网课的各种类型。同样,在网课中,以问题为主导,还需要把握住"一以贯之,把握全局""引起兴趣,留意关键""换位思考,瞄准典型"这三大原则,如此才能更好地瞄准典型,顺利进行。

一以贯之,把握全局

问题,是问题型网课的核心所在。在问题型网课中,问题贯穿始终,将整个网课贯穿起来。问题的一个最为基本的作用就是"保持课程受众的注意力",提醒课程受众"集中注意力,回到网课中来"。更为重要的是,讲授者也可以通过提问的方式引发课程受众的思考,促使网课向更广的维度拓展。

那么,应该提出什么样的问题,才能把握好全局,让网课一以贯之呢?如何利用问题将课程整体"串联"下来,更好地提升课堂质量?

"问题解决",即寻求一条某一问题在既定状态与目标状态之间的路径。"问题型网课"的课程是指针对学习目标设计问题或任务,或者让课程受众确定问题,将所要学习的概念、技能蕴含在所要解决的问题或任务之中,通过解决问题,完成任务。在这个过程之中,课程受众会发现有关的知识,发展相应的技能,问题型网课的程序一般包括:提出问题→分析问题→解决问题→归纳延伸这四大方面。

提出问题

爱因斯坦曾说："提出一个问题比解决一个问题更重要。"学起于思，思起于疑。发现问题，产生问题意识是问题解决的基础。在以问题为中心的网课的教学中，课程受众是学习、探究的主体，网课的讲授者应该尽可能把提问的主动权交给课程受众。课程受众很容易受年龄、知识和经验的限制，因趣生疑，因疑生奇，因奇生智。这就要求网课的讲授者从课程受众的生活经验和已有的知识背景出发，创设情境，将教学目标分解为学习任务寓于情境中，为课程受众发现问题、提出问题营造好的情境，使课程受众通过体验情境产生问题意识，进而提出问题。

创设问题情境的方法多种多样，如用旧知不能解决新问题，挑起矛盾，让课程受众产生问题；用生动有趣的故事情节，如"分西瓜的故事"引入"分数的基本性质"；用实验现象，如在空气中燃烧的蜡烛用烧杯罩住后很快就会熄灭引入"空气的成分"；用启发性的问题，如《富饶的西沙群岛》提问西沙群岛在哪里，为什么说它是富饶的；用司空见惯的常见事例或者故事，如《圆的认识》中小动物骑车比赛时，产生问题"车轮为什么做成圆的"；用精心策划的小互动，如《让我们学会合作》中创设小组传球比赛，产生问题"怎样合作才能使球传得快"；等等。

分析问题

问题型网课中作为教学起点的问题，应该具备以下特征：首先，问题必须能引出所要讲授的内容的概念、原理等，并且问题应是开放的、真实的。其次，问题能激发课程受众的主动性，鼓励他们去探索学习。

因此，在课程受众产生问题意识后，网课的讲授者就应开始指导分析问题、筛选定义和内涵，并表征问题，给课程受众充分的时间和空间，给予课程受众思考或查阅书籍、讨论交流的"留白"，以使他们更好地产生出解决问题的各种方案和思路。讲授者在进行适当的"留白"后，就可以进一步开展教学计划了。

解决问题

解决问题是问题型网课的关键环节，它是体现教学方式、学习方式的重要环节。课程受众利用各种学习用具、信息工具进行演算、实验、操作、查询等，对问题解决的方案合作协商、推理证明、验证假说，在自主、合作、探究中经历问题解决的探索过程，寻求问题解决的策略。网课的讲授者则对课程受众解决问题的途径、方法进行指导，并提供必要的帮助。

归纳延伸

监控与评估是问题解决过程中一个重要的组成部分，能确保问题的解决，取得合理有效的结果。教学中与之相应的环节是归纳延伸，指通过总结评价、归纳整理、拓展应用等对问题解决的过程和结果进行真实的检查，从而使课程受众进一步加强对问题解决的真实意义的认识，强化问题解决的策略，并能举一反三运用获取的方法与策略解决相应的现实性问题。在这一环节，课程受众总结、归纳整理、反馈信息，对各组探讨结果进行评估，并运用获取的方法与策略完成一定的拓展练习，解决一些真实性问题，完成知识与方法的拓展迁移；网课的讲授者进行总结、评价任务完成情况，对课程受众在问题解决过程中的情感、态度、方法等各个要素采进行评价，设计一些相应的真实性问题供课程受众解决。

当然，问题型网课的课程结构还存在一些变式。例如，可以形成"创设问题情境，提出问题→自主探索，解决问题→实践运用，拓展延伸"的展开模式。其中"创设问题情境，提出问题"指针对教学内容，结合课程受众的生活实际、认知基础及心理特点，创设一定的问题情境，由网课的讲授者提出一定的问题，而课程受众围绕提出的问题进行探究活动，寻求解决问题的方法与策略；或者通过一定的拓展性练习或解决一些真实问题强化问题解决的方案，归纳形成问题解决的策略。

再如，也可以形成"复习准备，唤起原知→创设情境，提出问题→讨论问题，提出方案→验证方案，解决问题→举一反三，扩展运用"的问题型网课。首先，通过复习，唤起课程受众解决新问题所需要的原有知识基础、思维策略，为课程受众自主构建新的认知结构做好准备。其次，从新、旧知识的契合点和课程受众现有发展水平出发，创设最近发展区，激起课程受众认知冲突，产生问题意识，提出问题，进而解题。再次，在课程受众提出问题后，给予充分的时间和空间，寻求解决问题的各种方案。最后，运用问题解决方法与策略解决一些真实性的问题，使课程受众实现由理性认识到实践的飞跃。

番外 心理学家加涅认为让课程受众解决问题是最高层次的学习形式，他提倡课程受众在学习中形成初步的探索问题的意识，能表达解决问题的大致过程和结果，会用学过的知识和方法解决日常生活中的简单问题，能够探索出解决问题的有效方法。这对于倡导自主、合作、探究的学习方式，建立探究性学习，引导课程受众独立地发现问题，获得自主发展具有重要作用。

引起兴趣，留意关键

兴趣是最好的老师，北宋哲学家、理学家、教育家程颐提出"教人未见其趣，必不乐学"，歌德也说过："哪里没有兴趣，哪里就没有记忆。"每个人都有自己的兴趣爱好，在有兴趣的领域往往能激发人们做事情的动力。把兴趣增加到网课的学习之中，是会有意想不到的效果的。课程受众对课程内容感兴趣，那么这门课程本身必会收到理想的效果。

那么，如何让网课引起课程受众的兴趣，并使他们留意到关键点呢？给大家重点介绍两种方式。

问题，难度要适中

问题型网课中的"问题"是需要解决或者加以探讨的矛盾，也就是说"问题"必须是有价值的、有意义的，并且是值得探讨的，而不是在所要讲述的内容中随便找一道题目，将它的解题过程安排成网课的形式。那么什么问题才是"有价值的问题"

呢？一般来说,"有价值的问题"对于课程受众来说应该是"半懂不懂,又想搞懂"的问题。因此,问题既要有一定的难度,但又不能太过艰涩。太简单的问题对于课程受众来说,没有吸引力,不用认真思考就能回答出来,对于课程受众整体水平的提升以及思维逻辑的发展没有太大用处,课程受众不买账,网课自然也就不能发挥作用。然而,如果问题太难,过于艰涩,对于课程受众来说,就会成为一个完全陌生又无法理解的问题,就很难有足够的信心和积极的态度去质疑、探究,更谈不上用所学知识去解决了。一个好的问题型网课,其核心就是有一个难度适中,课程受众似懂非懂,又很想弄懂的问题。

学习的过程是一个不断提出问题、分析问题和解决问题的过程。网课中提出的问题应该是符合课程受众已有认知结构和知识体系的,是学习者通过努力能够解决的,既不能让课程受众感觉问题如小菜一碟,解决起来易如反掌,也不能令其望而生畏,感觉高不可攀,应该是在课程受众已有的知识经验范围内,让学习者跳跃后能够"摘到果子",让他们有动力跳、有兴趣摘。

问题,要能启发受众的思考

教育学家陶行知先生说:"发明千千万,起点是一问。"网课的授课者恰到好处的提问,能引导课程受众获取知识,提高能力,扩展思维,探索解决问题的途径。网课的最高艺术是激发课程受众探索知识的欲望,引导课程受众解蔽、释疑。能否有效地进行启发教学,很重要的一点,就看网课中教学提问水平的高低。随着社会对发展智能的日益重视,如何有效地进行课堂提问也成为网课成功的关键,其中更有值得深思的问题。

在网课中,怎样的提问方式才会让课程更加具有启发性呢?

一是要生动形象,引人入胜,激发课程受众的兴趣,引起情感共鸣。启发提问要有意味、兴趣和吸引力,使课程受众感到有趣和愉快,在愉悦中接受教学。在教学中应用引发课程受众兴趣的提问,或游戏,还可以进行竞赛,或以故事作引线。

二是知识的讲述要有所知有所不知,给课程受众留出思考的余地,再灵活巧妙地设问,激发课程受众的想象力和思维力。学起于思,思起于疑,善于发现疑问是课程受众获取知识的重要前提。如在"正方形的周长"教学中,教学重点是理解周长计算公式的推导过程。讲授者可以先提问"计算长方形周长公式是怎样的,还记得用什么方法推导出来吗,能不能用学过的方法来推导正方形周长的计算公式呢?"这时,也不要忙于让课程受众回答,有意给课程受众留有思考的余地。

三是让课程受众把课题中不同的观点提出来。但授课人不要急于把自己的看法或者标准答案说出来,要让课程受众思索和选择并提出不同的看法,发表独特的见解,培养学习者的求索精神。

四是要从不同的角度提出问题,让课程受众分析和对比,培养课程受众辩证的思维能力。如"a 建筑队修一条公路长 5200 米,平均每天修 40 米,修了 25 天后,还剩多少米?""b 建筑队计划每天修 40 米,修了 25 天后,还剩 4200 米,原计划要修多少米？"然后对比提问："这两道题的解题思路有何不同？"经常组织这种正反问题训练，便于课程受众面对双向的应用题情节和思维流程自由地顺逆回环，并不断内化增强还原意识，对开拓课程受众的解题思路具有重要意义。

五是从知识结构上提出思考题，要求课程受众全面分析和把握课题，培养全面看问题的能力。如教学乘除法应用题，让课程受众比较，认识乘除法各部分的知识联系，弄清题中的数量关系，然后把题中的条件与问题换成两道除法应用题。在分析解答后引导课程受众进行纵横比较，经过多角度的纵横联系，使课程受众在头脑中形成知识结构网络，掌握分析解决题目的要领。

六是利用课程受众争强好胜的心理，提出难度较大的问题，激发攻坚克难的意志，培养良好的学习习惯和毅力。在网课授课过程中，既要肯定课程受众所有想法的创新性，又要引导他们用科学的方法观察所学知识的表层意义及本质含义，使课程受众从中得到启发。

七是利用课程受众的好奇心和求知欲，设置悬念，造成认知冲突，鼓励课程受众探索知识的奥秘，培养钻研问题的良好品质。如在"比例尺"相关问题的讲解中，可先出示一张全国地图，提问"一架飞机每小时飞行 700 千米，请从地图上算出由南京坐飞机去北京要用多少时间？"看着地图的课程受众会觉得无从计算。这时，授课者就可以顺势揭示课程主题——比例尺。这样的课程设置必会让课程受众带着强烈的好奇心和浓厚的求知欲开始新知识的学习。

八是举出典型问题和实例让课程受众进行联想，培养举一反三、触类旁通的本领和综合思维能力。例如，在提出某个问题时，能兼顾其他问题或涉及其他方面的讲述要求，使课程受众在解答这个问题的同时收获两个或更多方面的知识。

九是从事物的发展顺序和知识内在逻辑上提出问题，引导课程受众有条理地学习和思考，培养逻辑理解能力和思维的顺序等。这种类型的提问一般表现在数学应用题的教学中，如根据题中某两个条件或结合可求得的一个或两个中间问题，启发课程受众根据题意提出恰当的问题，构成一个简单应用题，然后再逐步达到解题目的；或由问题，逆推所需条件，一步一步推问到已知为止。

番外 从学习与教学的层面看，信息技术正在变革教学手段、教学资源、教学方法和教学理念。教学方式的变革必须以学习方式的变革为前提，并与之相匹配，管理方式的变革必须服务于学与教方式的变革，教育研究也必须关注信息时代的新型学与教方式，并将传统以经验和思辨为主要特征的研究，转变为以基于证据和大数据为主要特征的研究。在这种时代背景下，网课作为一种新事物，在现阶段如何逐步健全和完善评价体系与游戏规则，如何能让网课的对象，包括课程受众以及各类感兴趣的社会公众，愿意学、愿意用、愿意评，就成了最为核心的问题。

换位思考，瞄准典型

网课针对传统课堂听者基本处于被动位置，几乎没有互动的状况，对授课者提出了一种全新的要求，即注重从认知和技能传授者转变为课程受众学习的指导者和推动者，尊重课程受众的主体性和能动性，把学习自主权交给课程受众。叶圣陶先生曾说，学习是学生自己的事，不调动他们的积极性，不让他们自己学，是无论如何学不好的。因此，网课的教学必须要激发课程受众的学习动机和求知欲，调动课程受众的积极性和主动性，提高课程受众在教与学这一双边活动过程中的参与程度，由消极被动地学习转变为积极主动地学习。

把握关键"点"，引爆课程"面"

网课通常情况下是基于教学设计思想，充分利用手机、iPad等各种移动互联终端，在较短的一个时间段内对某个知识点进行有针对性、细致化的讲解的一段音频或视频。同时，网课既可以作为课堂教学的有效补充形式，也可以作为了解与掌握新知识、新技能的新手段、新方式。这使得网课不仅适合于移动学习时代知识的传播，也满足了个性化与深度化学习的需求。对于网课，应当把握的"关键"与"核心"有哪些？

提炼主题，把握核心

当考虑制作一门问题型网课时，首要的就是选题。选题，是问题型网课设计和制作中最关键的一环。那么，如何赢得制胜关键的这一环呢？

选题标准

对于问题型的网课来说，目前常见的主要有三类内容适合。其中，第一类就是简单的知识点或者是原理，如"邮件规则设定的技巧""新产品的性能""公司假期福利制度"这样的主题。第二类就是传授一些新的任务，或者是操作方式方法，如"如何录制一门网课""如何使用一款新的打印机""如何向年轻的妈妈传授育儿经验""营改增后的发票哪一类是可以报销的"等。第三类是一些实用的经验和案例分享，可以分享过去做过的，对他人可能有启发、有帮助的具体案例和任务的解决方法，比如多人同岗中的一些场景、工作任务，或"我是如何处理一例恶意投诉的"或者"上半年最大的客户合作的背景和情况"等选题内容。应当注意的是，一个好的问题型网课在课程主题的选择上，必须符合以下要求。

首先，选题小而精。通常一节网课仅聚焦一个知识点，主题小更容易让内容集中，更容易做精细化设计，更容易在短时间内讲述清楚。这样的问题型网课目标明确、重点突出，且容量小、易搜索，方便课程受众利用碎片化时间自主学习，将知识点各个击破。

其次，抓住重难点。网课究其核心，仍然是一个课程，离不开课程本身的特点与内容，故要求其中应具备核心的知识点。对于知识点的选择，必须切中要害，必须是对课程受众有"价值"的，值得花时间点击浏览和学习的内容。这就意味着，必须基于课标，通过严谨的教学设计分析，选取教学内容中的典型、重点和难点问题来制作问题型网课，这样才能更好地将网课的课程与整个教学活动有机结合，也才能够符合网课制作的初衷——教学资源分享，为学生解疑释惑。

最后，适于多媒体表达。问题型网课不是课程实录，不是传统课堂到线上的简单搬家，其内容的设计要适合使用网络互联设备的特性。网课制作要选取可操作、可流程化、易测量、易视觉化、互动性强的适于多媒体表达的教学内容。只有那些通过网课的视觉展示和互动体验能产生具象感知的内容，才是制作网课的较好选择，也才能让课程受众感受到网课的价值所在，从而获得优于以往的学习体验。

选题原则

问题型网课的选题原则，主要有四点：

第一，网课要注重"一个点"。网课内容单一，<u>一节网课只讲一个问题点、一个知识点或一个技能点</u>，所以网课选题要小，要聚焦在一个点上，不是多点，更不能是一条线或一个面。对于网课，业界曾经有过这样一种说法："网课是小鱼，不是鱼段"，意思是说网课虽微小但却完整，就像麻雀虽小五脏俱全，不能把网课做得看似丰富却支离破碎，本想面面俱到却顾此失彼。

例如，以"销售人员的六大核心能力"为主题的网课，在很短的时间里要讲六个能力，每个能力基本上只能做个简介，无法深入解读，这样一个涵盖点较多的主题，应该拆分成六节网课。又如，"如何通过注意力转移法促进顾客认同价格"就只涉及一个点，只讲如何用注意力转移法解决顾客价格异议这一个问题，这个主题的选择就很准确。

第二，选题要注重概括性。网课主题是整个课程内容的中心论点或中心思想，主题要能驾驭内容，内容不能超越主题，要做到以上统下。一旦内容超越了主题，课程受众就会感觉到内容发散、不聚焦，甚至文不对题。比如，网课《如何使用手提式干粉灭火器》，内容要点为：①用前摇一摇，使筒内干粉松动；②拔下保险销；③握住喷嘴；④占据上风向；⑤按下压把；⑥对准火源根部来回扫射。主题没问题，但内容太多了，且超出了主题的范畴。课程主题只是讲使用灭火器，没说如何使用手提式干粉灭火器。所以，不如将内容分成两个网课主题，第一个主题讲第①、②、⑤三个点，教会学员喷出干粉，要点就是一摇、二拔、三压把；第二个主题是"如何使用手提式干粉灭火器扑灭初起火灾"，讲第③、④、⑥三个点，在能够熟练喷出干粉的情况下学会扑灭初起火灾。

第三，选题要注重准确性。课程主题是整个课程画龙点睛之笔，在遣词用句上需要深思熟虑，做到精准表达、无歧义、不含糊。例如，用"沟通技巧"或"领导力"作为网课主题，就显得过于空泛，因为主题太大，如果加一些限定词就会更具体、更准确,如"双赢思维沟通技巧""如何使用授权的领导方式"。但是,主题的限定词太多也会令学员感到困惑,比如"外呼人员如何对流量溢出客户营销省内30元流量包"。

第四,选题要能引发好奇心。打开手机中的微信订阅号,你会发现很多图文消息的主题都有这样的效果,"华为是怎么把15万知识分子变成能打仗的兵的""《把信送给加西亚》为什么带不来执行力""为什么你的PPT不够高大上"等。从以上几个主题可以看出,疑问或设问句比陈述句更能抓人眼球,激起好奇心,所以,网课主题应尽可能使用如何、究竟、为什么、怎么办等词组成的疑问、设问句,比如"顾客讨价还价怎么办""陌生拜访需要注意哪些事项""iPhone手机如何节省流量"。

选题展现方式

前文中提到问题型网课最为常见的三种类型为知识型、技能型与问题解决型。不同类型的问题型网课,在选题呈现方式上也会有所不同。

知识型网课的授课者可以按照"Why-What-How-If"的逻辑展开课程内容,先讲知识点的背景,即为什么;再讲知识点本身的定义是什么;然后讲述具体的方式和方法以及原则;最后阐述一下这个观点的优势。在网课具体录制过程中,可以根据内容的丰富程度来考虑相对应内容的组合。

技能型的主题可以按照技能、步骤、要点、理由和注意事项的流程进行讲解。先介绍主要技能,再分享具体的步骤和要点,最后阐述一下理由和注意事项。

问题解决型的网课的展开方式可以是简单的三步,即问题、对策和总结,先描述具体的情况,再谈一谈当遇到问题时的应对方法、方式和策略,最后,进一步讲述思考以及启发。

总而言之,选题是网课制作的第一步,也是至关重要的一步。

番外 网课的"蹿红",引起了很多企业的高度关注。网课优点多多,如短小精悍、简单聚焦、灵活多样、易于传播、制作快速等,十分应景地满足了 VUCA 时代企业对学习的需求,很多企业表现出极大的热情和投入度,开始大量开发网课。但是,一门好的网课必须精准选题,选题是网课制作的核心环节,巧妙而富有合理性的选题能够给企业带来丰厚的价值!

斟酌难度,巧妙化解

任何的学科与课程教学都离不开疑问的提出与解决。因此,在网课中,问题就成为课程受众学习的动力,以问题为导向,以提问为引擎,就能更加深入地掌握网课的命脉,在帮助企业制作出良好的网课的同时,也能够帮助课程受众培养足够的问题意识。因此,网课要始终把"问题"作为课程设计和课程组织的核心,用"问题引领网课",学会设疑,并在斟酌难度的基础上,随着知识的逐步提升寻求问题的巧妙化解。

用"问题引领网课"的基本理念

所谓用"问题引领网课",就是根据课程目标,围绕核心问题(思想或思维模式),设计若干有逻辑关联(如按照认知发展顺序等)、有层次梯度的子问题,组成系列问题(又称为"问题链"),从而形成网课顺利展开的主要出发点和网课设置的关键材料。

用"问题引领网课"的核心:问题链的设计

根据不同的网课的目标和任务,问题链有不同的类型。从目标要求看,问题链可以分为探究原因式、追询结果式;从开放程度看,问题链可以分为开放式、收敛式、半开半收式等。针对不同的网课,必须分开选择、"对症下药",才能收到事半功倍的效果。

问题链的设计原则有以下几点。

首先,要突出核心问题。一节课应该有一节课的核心,关键点如果能够合理利用,往往能够达到"牵一发而动全身"的理想效果。因此,需要做到在众多问题中找到其中的核心与关键。比如对于思维动机类型的问题,可以提问"为什么要研究电磁感应如何运转?"对于思维方式问题,则可以提问"电磁感应本身是如何运转的?"

其次,网课的问题链要体现学生的主体性。课程虽然是由老师讲解,但是学习的主体是学生,这一点在网课中尤为明显。在屏幕另一端,课程受众是否愿意点开这个课程的视频,或者课程视频有没有好的效果,检验标准就是这节网课是否能够做到以课程受众为主体。因此,在这里,网课中的问题链只是一个"框架",只起引导思路的作用,更多的是以课程受众为主,从他们的问题出发,在网课展开的过程中引导其逐步深入思考。

最后,在网课的问题链中要注重加强逻辑分析。围绕核心问题设置问题链时,需要重点思考以下几个方面的内容:一是注重选择"子问题"的发问时间,对于提问来说,应该了解最有价值的环节,而不要在非核心、非关键的细枝末节上下过多的功夫;二是要确定子问题之间的逻辑关系,并列还是递进,先后顺序的确定等,使其更加符合课程受众的思维方式;三是要注重把握子问题之间的难度,注重由易到难,由浅入深。

在实际的操作层面中,"问题引领网课"还存在着一些不能回避与无法忽略的问题。因此,需要特别注意以下几个方面的问题:科学确定问题链的核心问题,以核心问题为中心纵深展开;统一确立问题链的关键节点,张弛有度;有效控制问题链的难度,难易适中;合理设置问题链的台阶,由浅入深。

> **番外** 提出一个好问题有时候往往比知识本身更为重要。同时,通过提问,也能够让我们在学习、交流、观察与创新中,不断打破彼此的界限,发现秘密,探索未来,设想解决问题的新路径与新方式。

扣人心弦——网课设计折射精彩人生

故事,从字面意义上说就是"过去的事情",而古人也常常以讲"过去的事情"的形式,向后人传授道理、传送经验。如今,故事又被赋予新的价值。一则好的故事,甚至能够帮助企业得到巨大的规模效益,帮助产品迅速推广,帮助网课吸引更多的受众群体。

相信每个人从小就对"故事"有着自己独特的理解与感悟。相对于理性的冰冷的数字而言，人们往往更加容易接受故事中传递出的信息。因此，故事在网课中同样是适用的。故事型网课就是将故事融于课程学习之中。化课程知识为故事情节，是网课常会采用的方式，也是课程受众喜闻乐见的一种方法。故事讲得好，网课的课程教学更能深入浅出、寓教于乐。对于一些抽象的、难以理解的课程内容，采用故事融入型的网课犹如吹糠见米，更能够达到立竿见影的效果。故事型网课，能够更好地发挥网课融"奇""趣""境"为一体的特色。

奇——寻找看点与噱头

　　一门优秀的网课，不仅需要酷炫的外观，更要注重丰富的内涵。在网课的讲授过程中恰当地穿插一两个故事，必然能更好地引起课程受众的好奇心与求知欲。故事源于生活，设计网课时，可以选择生活中的好故事融入课程内容，或者把课程内容融合在故事中进行传递。有两个关于寻找网课故事看点与噱头的方式以供参考：情节可视易消化，未曾遇见最新奇。

情节可视易消化

畅销书作家丹尼尔·平克曾说："讲故事将会成为21世纪最应具备的基本技能之一。"纵观我们的手机微信、微博，大到一篇朋友圈推送，小到一则微博段子，都离不开故事这一体裁。对于网课同样不例外，但怎么做才能将故事讲好，才能让情节可视、好消化呢？

首先，注入情感。课程受众可能记不住一连串的数字，但他们会记住一个故事。故事可以是简单的，但一个好故事，讲述者必须做好充分的铺垫与准备。随着故事的发展，打开听众的心门，进而引领他们思考才是最终目的。

其次，精减故事。美国悬疑大师希区柯克曾经说过："好的故事就像人生，只是少了所有无聊的部分。"一节网课的时间毕竟有限，如果故事的展开就占据了一节课程，那么不仅会显得内容单调，更失去了课程应有的"干货"与价值。因此，故事要精练精彩。精彩的故事才能吸引听众。所以，就像给树木修剪枝条一样，多余的枝条一定要剪去，以免影响整体的"营养"吸收；同时，也要注意不可修剪过度，要在保持适当神秘感之外，在情节与要素上更加吸引受众。

再次，精修故事。网课中故事的作用如此重要的原因之一，就在于它后期的"修剪"与"改造"，增加了其中的吸引力。该浓墨重彩的地方，一定不要吝啬，适当地夸张和渲染，会引起课程受众的注意和关注。在网课的整个授课过程中，都可以运用讲故事的技巧。故事会随着课程内容的推进，展现出前因后果。它会为课程内容所要传递的思想增添血肉，会把思想内涵与课程受众联系在一起，对课程受众产生影响，巧妙地、恰当地精修故事，可以形象地展现课程内容与目的，准确地表达授课者的价值观，而不必直白地说出来。

最后，把控细节。要讲好故事还有几个关键：其一，一定要在适当的节点，交代故事发生的时间和地点，增强故事的真实性，使课程受众有更多的带入感。其二，网课中故事的基本作用并不仅仅在于讲故事，而是要通过故事，达到一定的目的，或引出话题，或引发兴趣，并希望通过故事，给课程受众一定的启发和思考。因此，要注重故事结尾的"升华"，把控启发性与感悟性。其三，在讲故事时要注意从课程受众的角度出发，使他们产生更多的认同感。其四，要选择最能对网络课程内容的展开有所帮助的故事。

总之，作为一种"短小精悍的教学视频"，故事型的网课有着更高的要求。这就需要在理解了知识体系所具有的语义化、精确化、去情境化等特征的基础上反其道而行之，将抽象的知识重新还原，使知识易于理解。情境越具体、越丰富，离课程受众就越近，其所蕴含的知识也就越容易理解。而知识的情境化，需要通过精巧的教学设计和精心的媒体设计共同实现。

番外 如果你是一位管理者,一位父亲或母亲,一位传统课堂的老师或者网课的授课者,只要你是一位想让听者记住你话语的人,你就一定要懂得如何让人记住你想要传达的信息。这种容易被人记住的话所具有的特质为"黏性",网课中的"黏性"就是通过好的故事来展现的。

未曾遇见最新奇

所谓"没听过的才最新奇"指的就是"猎奇心理",它是人类与生俱来而又反作用于生活的。基于这种人类最普遍的"猎奇心理",在网课的设计与讲授过程中,加入受众闻所未闻、见所未见的成分,能让课程的设计更加生动,达到吸引受众注意、提升课程效果的目的。

要树立创新理念

网课想要吸引更多的受众,在确定既定教学目标的前提下,要勇于对教学的内容、教学的程序、教学的形式、教学的手段、教学的进度进行创新,尽管不受既定程式的束缚,要敢于和善于打破现成的、规定好的内容体系,让受众感到新奇。想要实现这一点,首先必须注重"创新"理念。以故事型的网课为例,一定要让受众体验到不一样的感觉,比如,课程内容的设计、讲授的方式、讲授的手段,是他们以前没有体验过的,这样有利于课程的开展,实现教学目标。其次,在一些适宜的网课类型的教学过程中,讲授者可以引导受众进行实际的操作,以便更加深入地体会网课讲述的内容，或者用更加生动的方式，将受众带入网课的实际环境与氛围中，以加深受众对网课的理解以及领悟。

要勇于"变式"，反对墨守成规

网课的教学不可能像公式一样固定不变，具有不确定性、可变性的东西有很多。根据每个网课的设计、内容、方向的不同，会有不同的教学语言、风格和切入点，因此网课的讲授，采用不同的方式方法，产生的教学效果也是不一样的。同时，因为在一节网课中的不确定性的内容也有很多，"故事"也要根据网课的实际情况变化，从而让网课的课堂充满活力。

网课的主旨与精神，需要的不是"从前有座山，山上有个庙"，而是"从前有个宇宙飞船，宇宙飞船上有个外星人"。这种"求新"的事物才更有吸引力。可以说，网课教学时的再创造实际上就是学生心灵想象的再创造过程，讲述者只是一种引导，引导课程受众去想象、探究。网课的讲述者在教学时，只需点拨一下，更重要的是留给学习者更大的空间去再创造。举例来说，在英文网课讲述语法要点时，可以引入狼羊争霸赛这类答题环节，这样的形式，不仅可以引起课程受众的学习兴趣，而且通过一个小故事，提升课程受众的认知效果。

内容要多样化

网课的内容要多样化，就是要不拘一格。不但内容不拘一格，网课的结构和网课展现的方式也要不拘一格，只要适合课程受众的,授课者就可以在教学中使用。

由于网课展现方式的特殊性,诸如地域性、时空性、人文性都各有新异,网课的讲述方式上也就具有了多样性,每一个网课讲述者都应该具有自己的特色。例如,一些故事类的网课内容,可以推行表演式的展开、动画式的展开、讲述式的展开等。同一平台,同一受众群体,由于课程内容的不同,网课内容的展现方式也会有极大的不同,这是网络互联网教育的特殊性,是一种要求,更是一种机会,为网课的教学创新提供了更广阔的空间。

番外 在日常的交流活动中,讲故事作为生活中强有力的交流与沟通工具,发挥着重要的价值与作用。正如亚里士多德所说:"我们无法通过智力去影响别人,却能够通过情感达到。"

趣——将欢乐融入其中

是否有"趣"是一个人能否赢得较多喜爱的要素之一。对于网课来说,也是如此。一节有"趣"的网课能够将欢乐、趣味融入其中,让课程受众在收获快乐的同时,也收获了知识。如何做一节有"趣"的网课?在这里,给大家介绍三种方式,即有"味"有"思"有"图"。

有"味"才能有趣

有"味"就是指有"滋味"。强调在网课中,注重培养课程受众的兴趣,吸引他们的关注。任何一个魅力课堂都需要我们关注到学生的情感体验。学习是高强度的心智活动,情绪状态的优劣至关重要。在教学中我们要善于激发学生的学习情感,充分调动一切情感因素,让学生主动地学、积极地学,让我们的课堂焕发生命的活力。

那么,我们又应该如何用故事来增加课程的趣味性呢?

以趣味性的故事带动网课的进程

故事对每一个人都有着极大的吸引力。首先,在网课中,运用一些具有趣味性的故事,完全可以达到意想不到的神奇效果。例如,在讲述《叶绿体中色素的提取和分离》这节网课时,为了讲述清楚什么是叶绿体中的色素和分离色素,我们可以讲述这样一个故事:其实这个"分离色素"就是让那些叶绿体中的色素一起比赛,比赛什么呢?100米短跑。为了比赛的公平和公正,起跑线要一致,所以滤液细线要直,确保公正。为什么要画几次让色素充分地分布在细线上呢?就是为了让尽量多的色素参加比赛,力保公平。通过这样一个故事,我们可以很清楚地知道"叶绿体中色素的提取和分离",掌握其中的奥秘。

其次,在故事中贯穿网课的内容,也是我们对于故事型网课设计的关键。并且,最好在故事的讲述中,将要学习的课程内容、课程知识点和课程关键与核心穿插其中,课程受众对此非常感兴趣,也在不知不觉中掌握网课的内容。同时,还能够充分调动课程受众的积极性,使课程受众的注意力集中起来,使他们在和谐的气氛中增进学习意识,提高学习兴趣,进一步增加"粉丝量"与传播度,更好地推动网课的营销与推广。

以生活性的故事带动网课的发展

在网课的教学实践中,经常发现这样一个问题:很多在生活上比较常见的问题,其中往往会蕴含着很多我们之前未曾发觉的道理,很多我们之前知道的、了解的故事,能够帮助我们更好地推动课程内容的展开。因此在网课上,应该积极为课程受众创设情境化的故事。并且,这种情境要生活化、合理化,使得课程受众在特定的情境中,理解课程内容与知识点的意义。运用这种方式设计故事型的网课,课程受众既能理解又能学以致用。

例如,在《细胞核的结构和功能》这节网课中,遇到了这么一个问题:转录而成的 mRNA 从细胞核内出来,进入翻译场所,需要穿过几层膜?葡萄糖由细胞质进入细胞核需要穿过几层膜?答案很显然是:前者为 0 层,后者为 2 层。那么,这时,很多人都会有这么一个疑问:既然有核孔,连大分子的 mRNA 都能通过,怎么葡萄糖、氨基酸一类的小分子物资却要经过核膜,而不是通过核孔进出细胞核呢?这时,面对这样一个疑问,我们就可以选择用一个情景化的故事来进行讲解了。大家应该从小都听说过"晏子使楚"的故事,这个故事是这样讲述的。晏子使楚,楚人以晏子短,为小门于大门之侧而延晏子。晏子不入,曰:"使狗国者,从狗门入。今臣使楚,不当从此门入。"傧者更道,从大门入。那么知道晏子为何偏要从大门进入吗?除了按照之前的故事情节来看,是为了自己国家的尊严,还是因为晏子是使者,是 mRNA,是大分子,它不是小分子,所以它理应从"核孔"——大门进出!如此一来,一个生物学知识,一旦套上了文学故事,就变得极其容易理解了,也因为这样一个文学故事,当下一次再看到"晏子使楚"后,课程受众也就能很自然地想到相关的生物学知识了。

  现在网课存在的普遍问题就是照本宣科,按照之前内容的安排和课程的设计,完全仿照传统的教学模式,设计僵化、死板,课程内容枯燥,根本不能引起课程受众的学习兴趣。这样的网课会导致课程受众失去兴趣,关闭这节网课,甚至放弃这门功课。没有了"趣味"性的网课也必然受众很低,占领不了市场和流量。因此,能否激发课程受众学习的积极性,最大限度地调动课程受众学习的主动性,授课者除了要考虑其他因素,还必须对施"教"的材料或引入或加工和融合,将趣味性融于知识之中,使整个网络课程变得轻松、愉快、有趣。

番外 从心理学的角度来看,当人们拥有力求认识某种事物和从事某项活动的意识倾向时,它常常表现为人们对某件事物、某项活动的选择性态度和积极的情绪反应。

兴趣可以使人集中注意力，产生愉快紧张的心理状态。爱因斯坦说过："兴趣是最好的老师。"这就是说一个人一旦对某事物有了浓厚的兴趣，就会主动去求知、去探索、去实践，并在求知、探索、实践中产生愉快的情绪和体验。

有"思"才能有趣

德国诗人布莱希特曾说："思考是人类最大的乐趣之一。"故事型网课应当注重调动课程受众的思维能力，通过故事增强课程内容的趣味，引导和启发学习者"思考"。

课程讲授者抓住时机，讲一个与课程内容相关的"段子"，可能更能够激发学生的兴趣。但需要注意的是，网课不是娱乐舞台，它需要的不仅是讲授者能够"讲故事"，也不仅是讲得"有趣"，还需要做到有料。必要时讲有"思"、有启发的故事。

如何在做到有"思"、有启发的同时，又有趣且不俗呢？首先，网课上所讲述的故事，在内容上必须健康，不能媚俗。网课虽然是借助网络这个平台，但其根本职责，是传道授业，网课讲述者的一言一行对课程受众都具有一定的影响力。尤其是面对的课程受众如果是中小学生，因为他们的模仿能力特别强，所以网课中无意中的一个"不良"故事，就有可能引发其思想"抛锚"。再者，故事质量的优劣也是网课整体质量和课程设计者水平的反映。因此，可以在网课中加点"料"，讲述一些有趣的故事，活跃一下课堂氛围，深入浅出帮助课程受众理解疑难知识。但注意不能一味地为了"搞笑"而忘记网课的使命。

其次，网课的故事必须与课程内容密切相关，不能为故事而故事。网课中涉及的故事必须是预设好的，并且是与教学内容密切相关的。否则，网课看起来就成了一个"挂着课程"名义的"脱口秀"或故事会，对网课的效率与知名度的提升毫无益处。

只有预设与网课内容密切相关的课堂故事，才能真正实现"趣""思"的相得益彰。例如，在网课《生物的新陈代谢》中，为了讲述关于新陈代谢的知识点，可以用一个具有思考性的故事来展开。大家都知道，人有性别之分。生活中很多东西其实都带有性别的痕迹。同样，在生物的世界中，也会有男女之分，性别之差。生物的新陈代谢就是一个武侠故事，其中"酶"可以是个典型的女大侠。第一，酶具有高效性，意指她武艺不凡，功高盖世；第二，酶具有专一性，说明女人感情丰富专一；第三，酶需要适宜的条件，"过酸、过碱和高温，都会使酶的分子结构遭到破坏而失去活性"。相对而言，女性内心比较脆弱，往往需要倍加呵护。而"ATP"则是典型的男大侠。象征着能量和力量，是个顶天立地的男子汉，能伸能屈，"伸"为ATP的合成，而"屈"为ATP的分解。新陈代谢中精彩纷呈的一个个故事，无不是由"酶"和"ATP"演绎出来的。通过这样一个简单生动的故事，将复杂的事物讲述得简单易懂，不仅能够让课程受众记忆深刻，还能引发我们的思考。

最后，在网课中，故事运用的时机要得当。在合适的时机运用合适的故事，考验着网课设计者的智慧与策略。恰当的故事能激发课程受众的信心和趣味。同时，网课的效率不是一成不变的，教育心理学研究表明，<u>一节网课如果按照 30 分钟计算的话，一般前 10 分钟和最后 5 分钟是网课效率的次高峰期</u>。因此，在网课低效的 15 分钟里，不妨时不时穿插一两个与教学内容有关的故事，这样既可以唤醒课程受众的思维，又可以提高整体网课的效率和推广率。

总之，网课中的故事并不是吸引课堂受众包治百病的灵丹妙药。作为网课的设计者，必须深入挖掘网课中故事的积极作用，让网课中的故事成为教学的辅助手段。网课中的故事一定要根据课程本身的内容、课程的设计理念和讲述者的风格来设计，绝不能随意设计，失去了"针对性"与"启发性"，这样，只能让网课在"娱乐化"中越走越远。

番外 语言是最重要的一种艺术，通过幽默、智慧的语言引起课程受众的关注是一个重要的渠道。因此，在网课的设计过程中，特别是知识讲授过程中穿插一些幽默风趣的故事，调动课程受众的积极性是非常重要的。

有"图"才能有趣

随着时代的发展，多媒体辅助教学已成为一种快捷方式，恰当地使用图片、图像、文字、声音、视频等多媒体信息刺激学习者的感官,不仅可以充分地展示教学内容,更能激起学习者学习的积极性,让学习者对知识产生强烈的渴望,使其积极探索、主动追求新知识;同时,也有利于营造师生互动、学习者之间互相讨论和共同提高的良好学习氛围,全面提升教学效率。

正如传统教学需要多媒体的辅助,网课的设计也需要"多媒体",需要运用音乐、图片等增强课堂的"趣味性",吸引更多的受众。但是,如果图片使用不恰当,不仅不会使故事型网课变得有趣,还会造成课程受众对知识点认识不清、概念理解有误、浪费设计者的精力等问题。那么,应该如何把握恰当使用呢?

激发课程受众的求知欲,调动参与度

故事型网课的图片设计,应当注重激发课程受众对于网课的求知欲,调动他们的课程参与度。例如,在网课《分数的基本性质》这一节中,除了讲述故事外,还可以利用"动图"加以辅助,如采用喜羊羊和灰太狼的动画片角色辅助教学。形象直观的画面,个性鲜明的角色,能够让低年龄的课程受众很快地进入课程情境:和蔼的羊村长正给喜羊羊等一群小羊分东西。这时可以适时提出问题:"羊村长在做什么?"调动课程受众的课堂参与度。讲述者再讲解羊村长在给小羊分卡纸,每只小羊分到的分别是二分之一、四分之二、八分之四……学习者在不知不觉中就进入知识点的学习。授课者恰当地以动画形式提高了课程受众的兴趣,调动了他们学习的积极性,轻松地导入了新的课程内容。

打破单纯语言讲解的被动性,发挥图片的直观展现作用

在网课上,除了要注重故事性的语言讲解外,还需要发挥图片对于故事的形象直观展现。例如,网课《叶绿体中色素的提取和分离》中,有这么一个实验,"叶绿体中色素的提取和分离"实验中滤纸条上的色素带分布,从上而下是:胡萝卜素、叶黄素、叶绿素 a、叶绿素 b。对于这个实验,除了可以用动画展示外,还可以利用图片帮助课程受众加以记忆。胡萝卜素和叶黄素属于"类胡萝卜素",而叶绿素 a 和叶绿素 b 属于"叶绿素"。很明显,"类胡萝卜素"的笔画(40 画)比"叶绿素"的笔画(25 画)要多得多,可以形象地理解是"类胡萝卜素"比"叶绿素"更有体力更有能量。所以在从滤液细线上同时起跑后,"类胡萝卜素"比"叶绿素"跑得更快,会跑在前面;而"类胡萝卜素"中的"胡萝卜素"又比"叶黄素"笔画多,所以"胡萝卜素"跑到了最前面,其次是"叶黄素",然后是"叶绿素 a",最后是"叶绿素 b"。将这样的内容以图片形式生动形象地展现,课程受众就能够轻松地记住,且很难忘记。

扩充网课的内容,提高网课的点击量

对于故事型网课来说,使用图片还可以扩充课程的内容,提高网课的点击率。由于图片的先天优势,在一节网课中可以利用图片展示更多的知识点和信息。例如,在网课《认识三角形》中,就可以大量运用图片,收集生活中的三角形原型帮助学习者认识,如埃及金字塔、交通警示牌、教具三角板、自行车架等,使课程受众很快就能理解三角形的三条边、三个角、三个顶点的基本特征。

巧妙利用图片，突出重点，突破难点

通过图片展示，可以突出课程内容的重点，也可以使知识难点得以突破，如讲解《条形统计图》时，可以轻松使用图片大量展示各种生活中的统计图，使课程受众能够很快体会并总结出条形统计图的特点和优势，从而快速突破本节网课的重点与难点。

番外 我不阅读，我只是看"图"；我不听课，我只是看"图"——去语境化的"图像流"似乎成了表达现实、发现意义的不二方式。德国哲学家马丁·海德格尔在20世纪30年代的预言不幸被言中："21世纪将成为一个以视觉文化为主体的'读图时代'，世界终将被构想和把握为图像。"由此带来的，便是"虚拟现实"的图像类媒介取代语言文字等传统传媒介质，成为社会主导的文化传播样态。

境——身临其境，感同身受

故事型网课中的"境"，指的就是情境，强调利用言语、实物、游戏等手段，为课程受众创设贴合网课内容的情境，并使得该情境可以激发课程受众的内心情感，增强他们的自主意识，培养他们对美的感受、欣赏和创造能力。实践证明，在故事型

网课中巧妙地营造"情境",能够使其具有鲜明的感染力与代入感,无论对于课程受众,还是网课自身发展,都具有非常积极的指导意义。

设置情境,便于理解

心理学研究表明:大多数人在学习时的思维活动总是由问题开始的,在解决问题中得到发展。网课的设计也应该符合课程受众的学习过程,成为一个不断提出问题,又不断解决问题的过程。因此在网课中不断创设问题,讲述有情境的故事,引起课程受众的认识冲突,使他们处于一种"心求通而未得,口欲言而弗能"的状态,激发他们的求知欲,才能更好地保证网课的效果,增强关注度。

故事型的网课也只有合理设置情境才更加有利于吸收、理解,那么,应当如何设立情境呢?

创设音乐情境

音乐能启迪人的心灵,唤醒人的想象和联想,在网课的教学中可以通过创设音乐来渲染情境,营造氛围;表达文本的艺术形象,调动课程受众的思想情感。例如,在学习具有震撼型、励志型的网课时,可以播放贝多芬《命运交响曲》一类的乐曲,使网课中所讲述故事的主人公在主要事件中所体现的坚持和顽强精神,与澎湃雄壮的音乐相呼应,使课程受众迅速进入网课的情境之中。代入感的增强能使网课传递的精神力量更加具象化。感受整个故事与网课中传递着的精神力量。

创设画面情境

在网课中,想要在故事中刻画出鲜明的人物形象,铺展生动的故事情节,可以利用课程内容与画面的联系来呈现相应的情境,让课程内容更加具体形象。这对于"文科类"的网课的讲述,更加具有优势,例如,在讲述蒲松龄的短篇小说《狼》时,就可以利用图片来预设画面情景。蒲松龄的短篇小说《狼》历来以文简意丰为人所称道,屠夫奋起杀狼的勇猛也深入人心,然而,为了能让课程受众更充分地认识到屠夫实际上是被逼迫杀狼的,可以创设这样的情境:画四幅图画,请大家看屠夫杀狼四个阶段的心理变化和行动选择。第一幅:躲避恶狼。屠夫"晚归""途中两狼缀行甚远",屠夫初遇狼,大惊失色,拼命逃跑,想躲开恶狼。殊不知,这一跑正暴露了自己的软弱,此时的屠夫绝无"勇猛"可言。第二幅:想讨好恶狼。屠夫见躲避不成,便主动伸出友好的手——"投以骨",希冀恶狼来个"投桃报李",放过自己。岂料,"剩骨"正勾起狼的贪欲,两狼达成了共识,"一狼得骨止,一狼仍从",骨尽,则"并驱如故"。此时的屠夫想息事宁人,破财免灾,仍无"勇猛"可言。第三幅:想威吓恶狼。屠夫见形势危急,性命难保,便"弛担持刀"进行恐吓,可这骗不了狡猾的狼,狼自有办法:一"坐于前",一"攻其后"。第四幅:决定刀劈恶狼。屠夫见躲避、讨好、威吓均不奏效。摆脱不了纠缠,与其坐而待毙,不如奋起抗争,拼死一搏,"暴起,以刀劈狼首",又"自后断其股",竟收到意想不到的效果——狼"顷刻两毙"。原来狼并没有想象的那么可怕,关键在于人有没有斗争的勇气。屠夫的心理和行为都是动态的、变化的，并非一开始就是"勇猛"的。从屠夫的身上也反映出人们对困难的四种态度：逃避、妥协、犹疑、斗争，作者"杂取种种人，合成一个人"的手法，这些在课程内容上不太容易反映出来的内容，通过在故事中预设图片情境的方式，立刻就能生动地展现出来，极大丰富了网课的思想内容，增强了表现力。

创设语言情境

语言在传情达意、渲染情感方面具有巨大作用，采用巧妙的语言表达方式能够使课程受众快速打开心扉，也可以使他们迅速进入网课的氛围中。因此，网课的授课者可以绘声绘色将相关故事传说、人物逸事、历史背景或优美诗句讲述吟诵出来。例如，《鲁提辖拳打镇关西》这一节课，可以用讲评书的方式引入："有这么一个人，他举止粗鲁，爱好喝酒，每饮必醉，横发酒疯；他又力大无穷，垂柳大树，拔来如拎草，挥起似无物；他还讲义气，缀行解官十数里，野猪林里一声断喝，救了林冲一条性命；他就是花和尚鲁智深。"这么一种情境化的表述方式，很容易使课程受众对这位人物十分好奇，也会更好奇此人物与这节网课内容的关系，自然会激发起他们的学习兴趣。

创设生活情境

创设特定情境的目的，就是让课程受众在"主动积极的思维和情感活动中"进入体验网课的境界。而生活情境是众多情境中最为常见、最为熟悉，也最容易引起"共鸣"的一种情境。因此在网课中，设计者要善于设计、创设某种生活情境，让课程受众在这种与生活彼此融合的情境中产生联想和情感共振，从而体验和领悟网课内容里只可意会的东西。例如，讲述《微生物的生长曲线》时，有一个"有关调整期的长短"的问题，可以设置这样一个生活场景。生物有相通之处。微生物像人一样，每到一个新环境，总有一定的调整期。比如每年开学季，不同的人到了新学校都会有点不适应。但性格开朗大方的同学往往调整期短点，而性格内向的同学却需要调整很长一段时间。这是什么原因呢？这就是因为人体携带的菌种不同。接着，可以进一步讲述："如果你们一到大学，发现校园里一花一木、一房一桥，竟然与中学校园很是相似，一去上课，竟然有位老师也长得很像你之前的老师。这样，你们的调整期自然也会缩短，这就是培养条件相同则调整期可以缩短的原因。"最后，还可以再设置一个场景，"如果去上大学的时候，新生报到时，惊喜地发现，我的同学几乎都上了同一所大学，如此你的调整期肯定会大大缩短，这就是因为接种量大的原因"。通过这三个生活化的场景设置，课程受众更易明白其中的道理。

当然，创设故事情境的方法很多，还可以利用广告、童话故事、电视剧、电影、游戏、名人八卦等，这里不再一一列举。情境的创设贯穿于一堂网课的始终，其方法和途径也是多种多样的。创设故事情境虽不是目的，但没有情境的故事创设，就很难激活课程受众的思维。因此，网课在设计时也必须精心创设故事情境，使之成为网课内容教学的润滑油、催化剂。

番外 何谓有效的教学情境呢？所谓"有效"，指情境具有科学性、合理性、实效性，即情境安排科学、合理，不是为有情境而创设情境，要有实在的意义。有效的网课情境应当如增力剂一样，使课程受众身心愉悦且为之入迷，在听这样的网课时精神焕发，充满乐趣。一个好的网课的设计者应该像一个好的导演一样，在课程中创设有效的情境，促进教、学之间的"交流"，使课程受众在"乐"中发展自身能力。

观众为主，方有代入

一个好的故事"情境"，本身就是以课程受众为本，要有利于激发其学习欲望和参与动力，有利于引发问题意识，使其积极主动地融入课程与问题之中，投入主动探索、积极思考的氛围中，同时，还能够化解网课中的一些重点难点。特别是对于年龄较小的受众来说，故事情境的创设，可谓是网课设计的神来之笔。

故事型网课中，总使原本刻板、规范的教学总会被故事"活"化。那么，在设计网课的过程中，应该怎样以受众为主，提升网课的代入感与感染力呢？

用情景化的故事导入或代入

兴趣是人类进行主动探索知识的心理基础，更是注意力的重要源泉。在网课的故事讲述中设置悬念，触发课程受众产生弄清未知事物的迫切愿望，诱发探索性思维活动。有趣的故事、奇妙的悬念往往能激发课程受众学习的兴趣，点燃他们探索的热情，变被动学习为主动获取。

例如，在网课《有关 0 的加减法》中，因为针对的课程受众是低年龄的孩子，所以故事设计可以更加具有倾向性，可讲述小猴吃桃的故事：小猴由于贪吃，把妈妈留给它做午饭和晚饭的桃子在中午全吃掉了。于是，小猴不得不去为自己寻晚饭要吃的食物。路上，它看到了一棵桃树，上面还有不少鲜桃呢。刚想攀上去采摘，树爷爷说话了："小猴啊，你要数出树上一共有多少个桃子才能摘！"这时候，网课就可以由此展开了。对于成年人同样可以这样设计故事情境加以引入。例如，《采购材料的核算——支票结算方式》这门课程，可以从课程受众的兴趣出发，利用热播的电视剧《甄嬛传》的音乐来吸引课程受众的注意，并进一步介绍相应的人物关系，例如浣碧是库管，甄嬛是出纳，华妃是会计，皇上是财务主管。为了让"剧情"更加饱满，我们也可以分别设置几个场景，比如先是浣碧验收西域燕窝的入库单；然后，西域使者拜见会计华妃；接着出纳甄嬛开支票，并加盖财务专用章；最后，作为财务主管的皇上进行验收，并且加盖法人章。如此一来，用支票支付货款这么一个流程就被简单地分成了四个环节，网课的讲述者再根据这四个不同的场景进行讲述，使得场景与场景之间彼此联系，就能够展示完整的支票支付流程，有助于学习者对于这一流程的掌握与了解。总之，通过预设情景，课程受众能够很自然地将自己融入故事情境中，作为故事中的一个角色。创设故事式的问题情境也因此激起他们学习新知识的兴趣。

用情景化的故事进行实践与联系

美国心理学家布鲁纳说得好："最好的学习动机莫过于学生对所学材料本身具有内在的兴趣。"在网课的讲述过程中，适度的练习是巩固新知，培养基本技能，发展思维的必要手段。在解题方法上基本等同于课堂上的新授，或是在基本题上的拓展与延伸。如果只是机械地出习题，按部就班地解答，课程受众一定会感到很枯燥乏味，甚至会产生抵触情绪。如果将复习或练习寓于故事情境中，则能激发起课程受众强烈的学习动机，提高他们的学习兴趣。

"教学的艺术不在于传授本领而在于激励、唤醒和鼓舞"，这正是教学的本质所在，也是网课的目标与核心。在网课中适当地给课程受众营造一个故事情境，不仅可以吸引他们的注意力，也会使他们在不知不觉中获得新知识。

番外 听故事是人类获取知识的基本方式，是人类理解这个世界的有效方式之一。美国哈佛大学进化心理学家史蒂文·平克认为：故事，是社会群体中，个体学习建立和发展人际关系的一种重要工具。就像小孩子每到晚上，大多是在父母讲的童话故事中进入梦乡的。人类从出生之后，最爱听的应该就是故事。所以，在网课中，充分利用讲故事可谓营造"代入感"的第一法门。

直击痛点——网课设计需"干货满满"

互联网知识洪流带动了整个知识付费领域的发展,用户终日刷屏也未必能找到解决问题的"干货",繁重的工作压力和高昂的时间成本不允许职场人花太多精力在众多信息中辨别良莠。因此网课必须舍掉花拳绣腿,及时准确地针对用户最棘手的问题,给出有效的解决方案。

传统教学模式的面授课程每节课时长为45分钟，网课的特点是课程时间相对较短，以18分钟最多见。在小学、初中、高中长达数年的教育中，网课的课程数量一般不会超过一个季度，短的甚至只有十几节课而已。相对于传统教学循序渐进的教学模式，网课是要在短时间内让课程受众比较系统地学到某个知识点，或是掌握某项解决问题的能力，这就要求课程内容必须都是精华，是拧干水分的"干货"。因此，每节课都必须主题鲜明，结构紧凑，内容具体。让课程受众每听完一节课，都能相对应地解决一个问题，能在自己之前的知识建构上添上一块完整的"砖瓦"。

　　每个做内容输出和课程开发的人都在强调"干货"，那么什么样的内容才能算"干货"，"干货"的标准是什么？一般认为，能够教授给用户未知的知识，或者解决虽有所了解但无法应对的问题，最重要的是能够保证用户在课程结束后学以致用，将所学知识真正用到自己的工作和生活中，这样的知识和技能才算得上"干货"。能够从用户的立场出发，针对目标群体真正棘手的问题，认真选择打磨适合他们的学习节奏和方式，这样的网课肯定能够吸引用户并培养用户黏性。

"干货"的内涵

快速的工作节奏，高压的市场环境，繁重的生活压力，这些都要求人们能够掌握真正解决问题的方法和技能。课程开发者要迅速抓住用户的学习痛点，给出有效的操作指南。课程内容不能让学习者花费大量时间去消化吸收，也要避免学习者需苦思冥想才能将网络课堂上学习的知识应用在工作生活中的情况，这样才能真正发挥网课的实际效用。

首先，网课要问题具体化，每节课都要针对一到两个切实的小问题，分析问题产生的原因，然后有针对性地给出多种解决方法。其次，在分析问题、解决问题的过程中，讲授方式一定要有趣、有料、引人入胜，减轻课程受众的学习压力。也就是说，网络课程的呈现方式要秉持减轻课程受众学习压力的原则来展开。形式上要简洁鲜明，内容编排要幽默生动，能够高效地阐述清楚问题。最后，一定要与时俱进，能够经得住现实需求的考验，课程内容结合事例和阐释，页面风格也应该是前沿新潮的，要避免掉书袋式的照本宣科。

之前不知道

在确定一节网课要解决什么问题之后，接下来就要选定这节课要讲授的内容以及讲授方式。

如果是一节实践课,例如,"如何养成正确的跑步姿势""如何向顾客介绍新产品""如何应对顾客投诉",等等,不需要讲述太多理论知识。虽然完善系统的认知有助于学习者更深刻地理解问题,但是,以上问题的学习者更关注的是如何解决问题、如何提升业务能力、如何在实践中发挥出自己最好的水平。那么,讲述的内容就要有所规划。首先要多角度分析课程受众现实存在的各种问题,然后一一给出解决方案。例如面试培训课程,如何撰写简历就是一个需要详细讲解的内容。版面设计是双排还是单排,履历信息是按照时间排列还是按照成就重要性排列,个人信息不能超过 5 项,那么应选哪 5 项,如何介绍自己参与的学校社团和学生会的活动以及本人在其中的作用,如何正确描述自己的优缺点等问题,都可以结合不同行业面试情况给出具体明确的指导。这样的网课内容设计才称得上专业。

一节新领域入门课,例如古典音乐入门、Python 入门、结构性思维训练入门等,学习者点开这门课就意味着他/她对这个领域有着浓厚兴趣,并且有简单的了解。如果授课者在课程规划开讲伊始,大讲特讲该领域最基础的知识,这样必然不能给学习者带来全新的知识体验和学习满足感,自然也就留不住用户。因此,哪怕是全新的知识入门导论课程,也要认真分析课程受众的心理,准确选择讲述内容,切忌卖弄广为人知的背景知识和最基础的理论。

如果想要在第一节课就吸引课程受众,就必须讲述他们所欠缺的知识内容,可以用密集的信息满足课程受众迫切得到新知识的心理，使其产生继续学习的强烈兴趣，进而真正成为该课程的铁粉。

常识不必细讲

基于大众对掌握丰富的文史哲知识的诉求，现在很多知识付费平台开发了一些课程能让学习者在短时间内对文史哲有关知识有所了解。但它也只是帮学习者复习了一下已经忘却的知识，产生了重温知识的短暂喜悦，对于学生知识结构的完善没有什么作用，既没有学到新的知识也没有加深对已有知识的理解或开阔眼界，回顾的基础知识依然会很快忘记。同样，在职场打拼的人都希望可以了解最前沿的互联网知识，比如区块链、大数据、人工智能等，唯恐自己被时代洪流所抛弃。但是目前部分网络大咖的课却只是把心力用在了如何营销、如何包装、如何利用营销噱头追逐社会热点上，只是简单地把大量公众号和互联网分析文章的观点串联、总结，缺乏深入的专业讲解，给学习者造成学习的假象。

网课内容设计必须是切实有效的，应该说，针对每一个问题可讲的内容有很多。第一层面，现状分析和发展趋向预测讲解；第二层面，学习者常会忽略但至关重要的细节问题、重点难点，在实践中可能会碰到的困难；第三层面，相关的平行知识点以及由此展开的更深一层的知识。由上述三个层面的讲解继而逐渐扩展到整个知识体系。

以"职场英语学习课程"设计为例。某知识付费平台要设计一款提升初入职场的大学生英语水平的付费课程，课程总共

20节课,每节课18分钟。整套课程应该如何安排呢?首先,学好用好英语的前提是背单词,那么第一节课就应该讲一讲如何背单词才最有效。此时学习者的目标不再是应对一次考试而是应对新的工作,背单词的方向和方法显然发生了变化。具体来说,首先要掌握大量职场应用单词,最好的方法就是在职场交际场景中背诵练习单词。比如,在英文面试中需要准备哪些面试词汇与面试语言;各类会议中有大量常用单词需要整合记忆;不同行业的外文翻译需要储备大量专业单词,等等,这些都应在网课中有针对性地充分体现。

其次,就是训练阅读能力。工作环境中的阅读能力往往体现在对某一领域的专业资料文章以及有关报道能够无障碍阅读。如在时尚领域就业,不仅要求从业者对时尚领域的一些专有名词、品牌知识等熟练掌握,还要求通过阅读大量资料,熟悉世界时尚品牌的审美标准和设计历史,等等。

再次,训练自己的职场英文写作能力。专业领域的写作首先要确保词汇的专业准确;然后要用简单易懂的句子准确无误地表达出来,如果能写得地道,就更完美了。在写作能力培训中范文的模仿是最高效的练习方法。网课需要大量收集和讲解优质的英文文章,分析地道的文法句法,供学习者模仿练习。

最后,学英语的终极目标也是最难实现的目标:口语表达。发音不准是很多学习者感到最棘手的问题之一。首先要重现英语学习者经常会犯的各种发音错误,帮助学习者找准学习目标。说好口语的前提是要有好的语言环境。每天坚持练习听力,营造一个英语语境是说好口语的重要环节。在课程中授课人要给出详细具体的听力材料，初级阶段可以是不涉及专业词汇的演讲、美剧等听力材料，在提高学习兴趣的同时让学习者能够增强自信。需要注意的是，在设计同类听力练习时，要给出较为详细的难度渐进的听力计划表，这样才能真正吸收消化，才能不断提升听力水平，达到课程设计的目的。而且，这样既锻炼了听力能力，又能让课程受众了解到国外的一些文化常识。说好英语更为关键的是要"说"，因此课程设计中一定要有让学习者开口说的环节，要让学习者融入语境中，通过互动真正摆脱"聋子"英语和"哑巴"英语的缺陷。

理论不必深究

受众一般希望通过网课或者知识分享平台得到最直接的答案，例如一些初级跑者只是想通过课程了解如何选择一双合适的跑鞋，一些课程的设计却先从理论层面介绍跑鞋的各种功能；讲述跑鞋开发设计者的思路；又介绍一番慢跑鞋、竞赛鞋、训练鞋、概念鞋的不同等知识，课程受众听完后还是不知如何选择。其实初级跑者最关注的不外乎两点：适合自己的价格和性能。有关跑鞋的其他知识和信息估计只有热衷跑步者或跑鞋收藏者才会有兴趣。回答这类问题，只要给出同等价格下不同品牌跑鞋的优缺点即可。

再如，用户想要为跑步选择一款性价比高的蓝牙耳机，一些运动领域的付费课程可能又会大篇幅地介绍蓝牙耳机的工作原理、不同品牌蓝牙耳机连接稳定性、续航能力、音乐表现能力等评测结果。对于不是科技发烧友的普通人，只是想买一款价格适中质量又好的跑步蓝牙耳机而已，对蓝牙耳机的工作原理以及反复的测试过程并不关心。所以看似专业的回答并没有恰到好处地解决提问者的问题，没有从提问者真正的需求出发进行回答。这些理论层面的详细介绍并不是他们急切想要了解的信息，提问者只是在实际选择中遇到了困难，回答者只需给出最直接的答案即可，最多再根据性别、年龄稍做简单区别并给出建议。

这类课程如果只是讲述基本理论而不涉及具体操作，课程即使是以不同形式进行了包装，给课程带来的也只是没有任何实际指导意义的信息而已。单纯地深究或阐述理论，而忽视结合受众的实际情况、诉求，这样的课程就是空中楼阁。因此，可以说网课如果不能给出切实可行的执行方案或操作方法，而只是一味简单地阐述理论的话，很难会真正帮助到学习者。

难点要透彻分析

无论做什么事情，学习还是工作，在做到一定程度后就会面临进阶攻关的任务。终极目标的达成，如果单纯强调持之以恒无异于没有提出任何建议；如果只是着眼于理论，对学习者的困境不会有任何帮助。如果让学习者拿出时间和金钱去学习这样没有实际指导意义的课程的，那这样的课程的市场评价也一定是堪忧的。

例如，教授职场小白如何跟老板谈加薪更容易成功的音频课程。每个进入职场后兢兢业业努力工作的员工，在意识到自己的价值和贡献低于收入的时候都自然会想到加薪和升职,因此和老板谈加薪是职场小白都会遇到的职场进阶难点。课程设计人员很精准地找到了这一刚性需求,按理来说对应的课程出来应该会有很不错的市场反响,但是,在课程结束后的留言界面看到的却是"没有干货""幼稚""实践内容太少"之类的吐槽。那么问题出在哪里呢?课程提出了要求加薪的四大步骤:谈感激,谈业绩,谈未来,谈诉求。但是这些解决方法是泛泛的,真正地解决难题应该是聚焦到问题场景和任务场景,比如谈未来,具体呈现自己哪方面的特点优势才能保证让老板看到你未来的潜能。谈诉求,可以和老板提出自己未来的期许,但到底应在什么时机提,以什么方式巧妙地引导老板主动谈这件事,才是问题真正难点所在。因此,如果只对应问题,给出似是而非或空泛的、没有触及核心且缺乏可操作性的答案,就很难获得课程受众的认可。

> **番外** 学习者如果能从课程中看到学到自己之前不懂的内容,并且讲解生动有趣,很容易把知识化为己有,他们必定会慢慢成为课程的忠实受众。但是如果受众听到的只是一些理论或者常识性的内容,就会重新审视这门网课。

学了能做到

网课的核心在于把难点问题讲清楚讲明白,然后给出多维度的解决方案。完整成熟的网课应该给课程受众建构完善的知识体系，针对一个具体的问题要有学习和解决策略，无论是某一学科或某一领域的知识学习课还是实践难题解决课，首先要介绍课程大纲、学习计划时间表以及每一阶段课程结束时课程受众应掌握的知识和技能。

其次，网课的最核心内容是行之有效的方案方法，理论知识学习的最终目的是能够应用在学习和工作中，所以讲解实践难题的课程有着更强烈的应用要求。

最后，网课不能忽视对学习者避免可能会走的弯路提供可行的建议。通常，由于实际工作环境和工作领域的不同，课程虽然给出了系统的工作方法，但受众还是会不自觉地犯一些常见错误或走一些弯路，因此，网课讲授的知识、方法或技能要真正落地，就必须涉及学习者实际工作中可能会遇到的问题，这需要主讲人有较为专业或成熟的经验。

步步为营

网课的课程设计者首先要广泛了解市场需求和现状，针对不同水平、不同需求设计有差异化的课程。以上节提到的"职场英语学习课程"为例，目标受众应聚焦在想进入外企的大学生或者刚刚进入互联网等新兴领域的职场小白。这类人群正处于学生向职场人士转变的关键时期，有着强烈的学习动机和技能性需求。为了成功引导课程受众坚持下去，在课程伊始就必须给出有吸引力的学习成果预见，并且制定详细的学习计划表。网课课程不应像学校课程那样每天都安排密集的知识点，也不应像企业员工培训课程那样每节都是密集的工作方法并进行大量的测试。职场技能学习课程整体的设置策略需要考虑的首要因素是学习者有效的学习时间和学习状态。

其次是学习内容的进阶安排，必须要让学习者在持续学习的过程中体验到学习的成就，有收获新知识的满足感，才能保证后续课程的听课效率。比如，职场英语很大的一个要求是发音要准，语法要符合英语语言习惯，在会议中涉及中英文互译的时候需要即刻正确地反应。当然，这需要长时间的练习和沉浸式的学习体验，但要求职场新人拿出集中的时间投入英语学习是不现实的。职场人最常见的学习场景是在上下班的通勤路上，利用碎片化的时间进行学习。针对这一现状，课程的时间设置需要长短不一，发音知识点的讲解和语法点的讲解可录制为长课程供下班后学习；场景化的演示，可以采用对话或影视视频的截取，短平快又轻松易学，适合学习者在嘈杂的环境中学习或复习知识点。另外，知识点的安排应该符合学习者的实际需求，从入职面试到会议口译，从如何在英文世界找到自己需要的内容到如何翻译一些有文化背景的内容，从正确发音到如何练好口语。只有课程安排清晰具体，切实符合学习者在不同阶段的学习需求，才能真正吸引受众一直学下去。

行之有效

课程内容定位的根本原则是直击受众痛点，还原受众真正的处境，以受众为本。以房地产销售人员的培训为例，新手销售人员通常对客户真实购买需求和真实购买能力缺乏准确的判断,导致经常做一些无用功。如何提高辨别客户需求的能力就是新手销售人员亟待解决的难题。

提炼经验、分解经验、教授经验是网课需要做的重要工作。比如,在与陌生客户交流的过程中,有一些点是必须要询问的:已经有几套房子、之前的几套房子的大概区位,有没有出售意愿,观察顾客年龄,通过顾客在意并且主动了解的内容猜测顾客的工作和收入情况,判断顾客对房地产的了解程度。通常来说,了解不多的一般为刚需顾客,或是只为了解并没有强烈的购买意愿,而对房地产政策及银行政策非常了解的顾客一般有投资需求……有这些关键点作为辨别客户真实购买需求的依据,可以快速帮助新手定位意向性的顾客。

可以说,网课的干货之核心原则是行之有效,这要求课程内容必须情景化、具体化,必须结合学习者的实际问题,给出精准的、系统的方案。学习者学到就能用到,就是网课要达到的目标。

避开弯路

很多人都曾经经历在新工作领域摸索的艰难过程,都曾经走过很多弯路。曾经的这些遗憾、这些问题在网课时代应该都不再是问题。

在教授新知识的课程中,授课人一定要及时指出学习者常犯的错误,帮助学习者意识到存在的问题,避免重走弯路。有很多成功的课程就设置了学员交流社区,通常最受欢迎的不是成功心得的分享,而是教训的分享。

例如，在学习 PPT 制作的过程中，大部分学习者认为炫酷的设计是吸引人的关键，其实炫酷的设计只是锦上添花的外围工作，如何体现出清晰的具有吸引力的逻辑才是优秀 PPT 的核心。可是，因为逻辑训练不是一朝一夕、三言两语能讲明白的，而形式设计、动画设计、美工设计通过教学则可以有立竿见影之效，所以很多人难免被误导，舍本逐末。因此授课者在课程中一定要对学习者容易忽视甚至被误导的问题进行反复强调和提醒。

番外 很多时候能不能做到直接关系到能不能坚持下去，尤其是挑战自己能力时。每个人都需要即时反馈，经常实现的小目标能够给闯关者带来鼓励和喜悦。网课在设计内容的过程中要时不时地给学习者以阶段性的鼓励，可以是线上测试的形式，可以是解决学习者实践问题的答疑形式。如此，才能给学习者实际有效的帮助。

做了有效果

正如学校学习要通过阶段考试测试一样，网课的学习也要通过学习者应用的测试，这也是检验课程质量的方式。网课要想打开市场，讲出名气，除了前期的宣传营销，中期的课程完善更新，后期的成果检测也是非常重要的。只有学习者真正学到了知识，提高了能力，并用于解决问题，课程才会越来越精进。对于学习者来说，听完课后能建立系统的知识架构，有清晰的学习方法和学习目标，能学以致用，说明课程的目标实现了。

网课的小体量和短时效不可能做到面面俱到，也不可能教授给学习者所有内容，更多的是作为引导把学习者领进新知识的大门，帮助学习者在未来漫长的自学生涯中，掌握方法和方向，少走弯路。对于工作技能的培训，能帮助学员将学到的知识直接应用到工作中，使在自己的工作领域更加专业，如在接触时更加快速准确地辨别客户真实需求。这才可以称得上真正成功的网课。

帮新手变专业

网课的授课形式多是在某一领域的知识明星借助灵活的课堂形式教授经验，或是专业的老师借助网络平台教授知识。这种形式，打破了原有模式化的课堂形式，重在讲授某个学科基础且重要的知识点。

得到 APP 以终身大学为产品定位，无论想学习产品思维还是想学习中国通史，无论是想系统锻炼自己的演讲能力还是想学习心理学，这一平台的课程都可以帮助学习者建立关于这个领域和知识完善的知识体系，可以帮助学习者在有需要的场合正确无误地输出和使用这些知识，在短时间的课程内帮助学习者将之前完全不懂的内容内化为自己的知识网络。这是全新的学习方式，在竞争激烈快速变化的社会中，每个人都被要求既渊博多识又与时俱进，那么得到 APP 的课程设置完美地解决了学生的知识需求，缓解了学生的知识焦虑，是很成功的网课范例。

帮专业变资深

在进行入门课程学习后,很多学习者期望能获取更多专业知识,成为该领域的资深专家。如何帮助学习者更快更好地进阶技能,在一些难题上节省时间,找好方法是检测干货课程的更高标准。

通常来讲,资深的网课都有以下特点:讲解深刻、知识面广、对学习者需求的定位精准。这都遵循了学习规律和产品开发规律。对知识挖掘得更深刻意味着在保持平易有趣风格的同时,更专注于干货内容的输出。因为此时的学习者有更高的专业水平和更强的学习动机,授课者不必在吸引学生注意和培养兴趣上过多下功夫。知识面更广指的是课程要符合学习者对内容的诉求,不仅在重点问题上有较深的见地,而且要对相关的各个维度比如外围知识有所涉猎。这个时候的网课要充当"读书人"的角色,要把学习者渴求但没时间去了解的知识用有效的方式传输给他们。对于想由专业变资深的进阶人士来说,更专业、更前沿、更深奥的知识都是他们期望在课程中听到的。

做了有效果是切实检验网课质量的阶段,不少课程在设计之初只关心如何卖课、如何引流、如何营销,忽略了课程后期学生的应用反馈。学习者能否在课程学习结束后得到想要的知识,是可感受和量化的。课程能否获得好评并赢得更多受众,取决于学习课程后是否取得了良好的应用效果。因此,在课程定位和开发制作过程中,应该以切实解决学习者问题为原则。

番外 诚然，提炼干货难，呈现干货更难，但正是这些做起来艰难的部分才使课程更有价值。每一个付费课程都倾注了极大的心力，在知识付费的大环境下辛苦摸索着自己的生存之道。只有迎难而上，做出真正的精华内容，才可能在竞争激烈的环境中生存下来。

精练干货的 4S 法

在精准了解学习者需求、厘清课程内容后，就该聚焦如何将内容更好地呈现出来。网课呈现干货，如何做到既要内容有价值又有新颖简洁的形式？这就要用到精练干货的 4S 法。

首先，在材料的组织上，要选择一个固定的思路和角度，不相关的内容或者关联程度低的内容要舍弃。固定的思路和角度能让网课的结构清晰简练，使学习者能够快速理解课程结构，明确课程目标和重点。

其次，确定主线后要敢于取舍。课程设计者要认真分析核心问题，通常一个理论难题或者实践问题是多个因素导致的，那么哪些必须精讲哪些可以略讲就需要认真判断。为了保证网课的内容定位精准，就要舍弃一些边缘问题和外围问题，专注于最重要、最核心的问题，这样学习者才能在每一节课都收获有含金量的知识点。

再次，在语言和形式上精准呈现课程内容。网课时间短、体量小，每一页的呈现要遵循简洁精要的原则，用简洁的文字呈现精华内容，以清晰的形式呈现课程逻辑。

最后，知识点的记忆。能够熟练记忆并灵活应用，这才算是将学到的知识真正内化。那么帮助学习者将知识熟记于心，是课程设计时必须规划的要点。课程设计者要利用一些记忆方法如谐音、字母、数字、类比、联想等帮助学生记忆。

重类型

要在短时间内借助视频或者音频或者 PPT 文字的形式把一个问题讲透，就必须有清晰的角度和逻辑线索，要根据不同的角度、维度把繁复的内容条分缕析地串联起来，这样，既利于授课者讲解，也利于学习者记忆。如何选择角度，选择线索，是需要认真斟酌考量的。

换位思考

换位思考是在选择组织材料的角度时要遵循的方法和原则。如何帮助学习者快速理解课程体系，快速跟上课程进度；如何用轻松的方式把问题讲清楚，都由课程内容呈现的角度所决定。

比如记忆一款电视机新品的角度有很多，对于消费者来说，首要关心的就是价格，其次是电视机的大小和自己家客厅面积是否协调，最后才是分辨率、音质等功能问题，大部分消费者最关注的还是性价比。因此，有关销售人员新品介绍的课程就应根据顾客的认知习惯来组织，这样才有利于学习者更好更快地记忆和消化。

一维结构

一维结构指的是一节简短的网课，围绕一个问题只能采用一个角度进行讲解。因为涉及太多角度反而会混淆学习者的思维，加大记忆难度。以学习英文单词为例，背单词的方法有很多种，比如情景例句记忆法、分类记忆法、联想谐音记忆法、词根词缀记忆法、字母表顺序记忆法等。但是在课程开发时，针对某类词汇只能选择一个记忆角度，否则会加重学习者的背记负担。

一维结构还有一个要点在于目录下直接是知识点，尽量不要再细分二级目录甚至三级目录。通常情况下，即使课程面面俱到，学习者也无法消化全部细节，只能记住主干内容和一些粗线条的补充。而且，二级知识点和三级知识点在无形中也会加大课程内容的体量，不符合网络课程体量小内容精的要求。

番外 类型是帮助我们更好认识外部世界信息的标签，简洁有力的归类方法可以把本来复杂的信息清晰有序地呈现出来。但是每个人都有不同的认知方式，授课者不能随意把自己的认知分类方式套在课程里强加给学习者。课程是要面向学习者的，一切要以学习者的思维方式为准则，要找到最有力的分类角度。

多备料

精练的课程需要准备大量素材以供选择，简短的文案需要准备多条备选方案以供挑选。俗语说"台上一分钟,台下十年功",这句话也完全适用于网课的制作过程。为了能在几分钟时间里阐述清楚一个理论问题,解决一个技术难题,讲清一个销售难点,表达必须要绝对精准。精准则是从大量的素材积累、比对、选择、打磨、加工而来。下面就如何选择呈现在课程中的素材或是角度提出两点建议。

选择就必须有依据,有方法。课程开发者必须有换位思考的能力,必须时时刻刻从受众的需求和认知习惯选取内容呈现的方式和角度。素材的选择首先要聚焦受众的水平和需求,有针对性地选择素材,选择最核心的内容,使每一个最终呈现在课程中的知识点都可以发挥最大作用。

另外一个选择素材的依据是审视问题。不同的问题可以有不同的呈现方式,每一个知识点都可深可浅,可以有广阔的外延和深刻的内涵,但在网课中的呈现要抓主干去枝节,把必须要讲的核心内容、必须要阐释的重点内容,而且是学习者听过课程后就能掌握的知识呈现出来,其余的皆可视情况做出删减。

聚焦学生

开发一款产品首先要做目标受众调查,设计一门网课也是如此。零基础学习者想要快速掌握入门内容,初阶学习者想要获取更专业的技能,还有学习者的年龄、性别、学历水平都是必须要考虑的因素。因此,这就需要针对不同受众对同一个目标知识做出不同的解析。

如现在年轻人中很流行的健身课程。首先,健身知识的讲解要区别出男性市场和女性市场,大部分男性是为了增强肌肉力量,而女性看重的是塑造更好的形体。另外,健身课程还要针对减脂和增肌两大目标人群做出相应的课程体系,那么在做数据分析和竞品分析时,就要着重分析是减脂的市场需求更大还是增肌的专业指导需求更迫切。

再如现在很多人都比较关注艺术素养的培养和艺术兴趣的持续保持。但是,古典音乐、古典戏剧、经典作品、经典美术都是极其庞大的知识体系,如何保证在小体量的网络课程中满足不同学习者的期待呢?首先,不同职业、不同文化层次的受众对艺术的理解力和鉴赏能力有着极大的差异,那么对同一位作者、同一部作品要讲的内容就应根据听者的学习能力做出相应的调整,采取不同的讲课方式。其次,对于有古典艺术学习经验的受众来说,他们期望的学习内容是可以忽略作品的背景直接进入作品赏析以及艺术史的解读;而针对完全没有古典艺术积累的受众,就应该以讲故事的方式先做背景讲解,在了解艺术家所处时代背景和生活环境的基础上,这类受众才能更好地理解作品的含义。

从大量的素材中选择最终要讲的内容可以说是一个比较痛苦的过程,因为授课人总想把自己知道的知识全部教授给学习者,但是,有市场要求的网课更应该遵循严格的学习规律和受众需求,这就需要课程开发者有果断取舍的魄力。

审视问题

每一个知识领域都有着错综复杂的知识网络。但即使是传统的课堂也无法涉及每一个知识的方方面面,更何况是体小思精的网络课程。只有专注于最核心的内容或技能,学习者才会有所得。

如讲身体力量训练的课程,可以集中讲核心部位,讲训练时的动作要领,而与之配合的饮食、作息、生活习惯就可以在此课程中忽略。比如讲英语学习,课程的内容设定只讲单词记忆和语法分析,与之配合的记忆规律、阅读材料的选取和听力方法就不再涉及。在一维结构中,一次只讲一个问题。更专业更详细的内容可以单独制作课程供不同需求的学习者挑选。

番外 选择意味着取舍,正确的选择是成功的第一步。课程是双向互动的,在选择教学角度时主要参照的是学习者的需求,另外,选定一个维度就要把这个维度的知识点讲清、讲透。

精总结

大部分人都知道好的笔记应该是要点记录和精华总结。思路清晰、要点明确的笔记能有效保证学习效率。

网课的内容呈现与记笔记极为相似,在较短的时间内记录、讲述一定体量的知识,既要覆盖核心内容,又要精心设计始终能吸引学习者的学习兴趣,就必须要在内容的呈现形式上下功夫。网课的学习者对课程内容的表现要求更高,他们期望打开课程就能看到最有价值的内容,不需要自己花费时间重新总结提炼要点；并希望在课程中学到的内容可以直接应用于实际生活和工作。那么，如何满足学习者这种求知需求呢？

要从语言文字的选择和编排形式两个方面考虑。首先语言尽可能简洁。但是，简洁并不是目标，简洁精准才是课程开发设计者要达到的目标。其次在编排形式上，一定要有最清晰、最利于记忆的方式，可以是数字排列，也可以是字母排列，无论采用哪种方式，都必须在课程中保持统一。统一的编排和精准简练的语言是网课的干货内容能有效被学习者吸收消化的两个保证。

文字精练

精练的语言是指最终界面呈现的文字要具有总结性、概括性。首先从内涵分类看，把一个角度一个方向的知识点放在一起进行总结，也就是说各个小知识点之间不能是零散的，更不能是重复的。能合并同类项的尽可能只用一个要点表达，不能合并同类项的要找到明显的逻辑。从表达词语来看，尽量保持每一个要点的字数统一、语法构成统一，这样才能帮助学习者更快速地记忆。这样的表达类似于短语排比或者是词语排比，选取的语言尽量直白生动。因此，内容的提炼可总结为内涵归类，逻辑提示。

形式简洁

在形式的编排上一定要清晰，可以采用1、2、3数字标识，也可以采用a、b、c字母标识，当然也可以根据授课者自己开发的利于表达和记忆的方式标识。要点标识，通常不能超过5点；

每一级目录下同样是 3 点到 5 点的布局。

除了依照完整严密的标识体系做内容展示以外，还可以借助一些图形表达，例如以树状图来展示逻辑层次，以圆形图来分析某一现状，以曲线图来给出宏观体验，等等。这些图形会给予学习者不一样的视觉记忆，以降低学习者的学习难度。同时，也能减轻授课者的工作量，可谓一举两得。

番外 用记笔记的方式整理思路和复盘知识点是练习逻辑思维的好方法。对于网课来说，界面文字就要必须精练简洁，同时图表图形的应用可以形象直观地展示知识框架，帮助学习者抓住知识主干。

巧提要

常见的巧记方法有很多，但大多只能用于一些分散的知识点上，对于系统的专业的大量内容的记忆应该采用更为专业的提要记忆法。巧妙的提要方法可以帮助学习者很快地唤醒记忆，想起课程内容。常用的有数字提要法、字母提要法、类比提要法、词句谐音提要法，等等。不同的提要方法适合不同的内容，但有一个共同的原则，即设计知识提要其实是设计记忆线索。因此提要不能太过牵强，否则非但不能帮助学习者，反而还会成为额外的记忆负担。另外，在一门课程中，尽量不要使用纷繁复杂、多种多样的提要方法，一般采用一种到两种方法为固定的范式，既使课程更完整，自成一体，又能稳定学习者的学习情绪，满足学习者的合理期待。

数字提要

数字提要具有一个很好的效果是能把复杂的系统和繁杂的内容总结成几点用数字标识出来，帮助学生条理清晰地组织内容记忆。数字提要有两种类型可供开发者选择。一种是以一个数字概括重要内容，一种是几个数字标示要点。以一个数字概括所有内容有很多的成功案例，比如《5招帮你成为爆款文章制造机》《3天带你游遍全台湾》。借用几个数字串联要点也有很多案例，比如《321绑定银行卡》等。

字母提要

字母提要方式已经运用得非常成熟了，并且形成了很多固定的缩写，如 ASAP 是 as soon as possible 的缩写，DDL 是 deadline 的缩写。字母提要经常在国外的课程和模型中使用，比如 STAR 面试法是已经成为定称的方法。那么，在一些课程中也可以采用每个要点以英文单词首字母缩写，重新组合，帮助记忆。但是采用字母提要要考虑的一个因素是学习者的英语水平和能力，需慎用，否则容易弄巧成拙。

词句谐音提要

谐音提要是中国人从小到大自觉不自觉在用的记忆方法，更适合中国人的记忆习惯。比如绿箭口香糖的广告"一箭如故""一箭钟情"，再比如某牙膏品牌的广告词为"牙口无炎"，都是成功利用谐音强化记忆的典范。另外还可以套用成语、俗语、歌词等。平安银行创作的教人辨别假币的口诀是套用古代诗歌的成功范例："横摸成'岭'竖无'峰',近看'印线'各不同。欲识变造真面目,要点口诀记心中。"

还有很多巧妙的提要方法可供选择,这里就不一一介绍了。提要的设计需要用心钻研,必须保证和知识的关联性很强,能够帮助学习者有效记忆内容。

番外 网课的灵魂就是课程内容,只有内容出彩,其他的包装手法才能生效,否则过度营销包装只会拉高学习者期望,当学习者期望得不到满足时差评就出现了。从传统课堂到网络课堂,好的内容的标准一直未变——准确满足学习者的知识需求,使用学习者喜闻乐见的形式。只是网课的市场属性更强一些,更直接地受到学习者的偏好影响。按互联网经济的统称也可以把学习者称为粉丝,粉丝的期望就是网课的使命。

网课"变现"——粉丝经济奏响华美乐章

互联网资本刚开始兴盛之时,内容创意风口吸引了大量资金流入。有新意的产品和内容成为风投公司竞相追逐的对象。天使基金一般比较注重产品本身吸引粉丝的数量和创作的流量。可计量的粉丝甚至能左右品牌和产品的发展方向。新产品新品牌想要在互联网浪潮中站稳脚跟,来自粉丝的支持是非常重要的因素,网课同样如此。

欲善其事，必先利其器。上一章已经讲过网课的重中之重——干货的提炼和呈现。成功的网课要想在互联网经济中占有一席之地，精准的营销和吸睛的产品包装不可忽视。互联网把荧屏广告和消费者口碑传递很好地结合在一起，升级为品牌营销和粉丝口碑双重加持的消费经济，打开了传播销售的新世界。精准定位用户、抓住目标群体的痛点并提供相应的解决策略、持续提供专业化的内容输出，经过如此用心制作的网课，配合成熟连贯的活动运营，粉丝转化率自然就会提高。

用户的口碑是最好的广告

通常情况下消费者会认为广告是对产品的美化和包装，这往往会引起消费者的质疑甚至厌恶。但随着互联网的发展，出现了大量的论坛、贴吧、QQ 群、评论社区、社交软件等社群，人们可以自由地发表观点，分享对事件的看法和产品体验。这种网民的自发行为，更容易获得消费者的信任。网课作为生产内容的产品,在定位、策划、设计、开发最终上市的过程中,尊重用户是首要原则。

成功的社群运营还在于拉近产品与粉丝之间的关系,从忠实用户中挑选产品代言人,给用户提供最新的产品体验,充分重视用户的意见并加以改进。当用户不仅有了评论的权利还有了参与的权利时,产品口碑自然就慢慢建立起来了。像小米在品牌初创时期,凭借科技概念聚集了一大批科技发烧友,这些用户自愿在各大科技论坛、数码产品论坛为小米摇旗呐喊,这样强烈的身份认同和粉丝自发自愿的广告,才是最好的宣传推广。

以用户的需求为己任

在设计一门课程或者一款产品之前,首先要想清楚的是目标客户群,然后深入了解这个群体最急需的是什么,同一个问题不同年龄、不同学历、不同性别的人给出的回答往往大相径庭。很多产品在经历了一段时期的发展后有了稳定的用户群,但是也逐渐失去了吸粉力。如何持续吸粉、保住老粉的点击率是很多课程开发者共同关心的问题。而此时,直接求助于粉丝不失为一种行之有效的解决办法。经过一段时间的运营和发展,大部分的铁杆粉丝已经认同了产品理念和品牌价值,他们在对产品如何继续改进、发展方面形成了较为成熟的观点。让粉丝拥有主导权,直接参与到产品开发的过程中来,既能改变停滞的现状,又能提升粉丝参与度,有针对性地解决粉丝需求,可谓一举两得。

针对性满足

深入了解目标受众群体的生活状态和工作状态,搞清楚他们希望在什么方面取得进步,好的产品和课程一定能帮助学习者实现目标或靠近目标。例如,为了解决消费者买书贵的共享租书软件,就是针对年轻学生和白领读书群体的需求打造的。还有一些读书类知识付费产品采取的也是同样的思路。现代人的工作压力大,利用休息时间大量读书是很难实现的。那么读书然后提炼要点,再幽默地讲述出来,不仅替学习者读了想读的书,且大大节省了用户的时间和精力。

目前来看,体量大内容全的信息平台一般只作为工具而不作为内容输出平台来使用。网课需要有清晰明确的目标群体定位,以目标群体的需求为基准进行开发。在把内容打磨完美的基础上,针对不同学习者的学习习惯提供多种多样的练习功能,包括复习、要点提示、难点检查等,让学习者根据自己的实际情况选择。

预见性满足

产品和课程的设计思路以及对隐性问题的解决方案只有一直走在用户前面,才有可能持续满足用户的需求,如果等用户提出之后开发者才意识到问题,再着手解决就为时晚矣,一些老用户兴许已经被其他前卫产品吸引走了。比如针对很多人持续学习英语口语或者学习第二外语的要求,一些培训机构根据线下课程内容开发了对应的线上课程,受到学习者的追捧。这些课程和产品之所以能在互联网学习产品中脱颖而出,就是因为开发者准确地预见了用户的需求，甚至在学习者自己都没有意识的时候就已经开发了，那么接下来的改进工作只需要根据用户的使用习惯和使用反馈逐步完善。由此可见，预见性满足粉丝的需求能够帮产品走得更远。

定制化满足

为了能在竞争激烈的市场环境中脱颖而出，网课不仅要能针对性满足用户的需求，预见用户在未来可能会出现的问题并提前提出解决方案，还要为不同的用户提供定制服务。定制服务早就不局限于线下昂贵的 VIP 服务了，在线上同样可以进行一对一的服务，只是这份一对一的服务可以被多人多次使用，这样既能提升资源利用的频率也能在最大限度上满足用户的不同需求。只有用户在课程和产品中感受到独一无二的"被重视"，感受到课程的内容恰是自己最需要的内容，才有可能最快地升级为忠实粉丝。

但是很多课程设计者会疑惑，差异化的内容应该怎么制作呢？大家可以从一些在定制化内容服务领域已经取得很好成绩的产品中吸取经验。"英语流利说"是一款主打听力和口语练习的软件，在所有的学习内容开始之前有两大板块，一个是轻松学。轻松学板块里有大量的免费课程资源供用户使用，比如应试英语四六级、留学考试；还有日常英语，比如面试口语、旅行出游、流行热点等；还有一些比较具有特色的栏目，比如看电影学英语、给影视片段配音等。另一个大的板块也是这个软件的主要盈利点：定制学。英语流利说通过人工智能测试用户的英文水平，包括单词、语法、阅读、口语、听力等，在通过这些测试以后，用户就可以看到自己的水平层级，软件会根据当前用户的水平和预设目标，推荐定制的课程，这份定制课程因规划更合理，内容更科学，得到了用户的信赖。

另一款运动学习软件同样用此理念吸引了大量的忠实用户，这款软件就是现在年轻人手机上基本人人必装的 keep。keep 已经成为一种年轻的生活态度。新用户在刚开始使用时，keep 系统就会提示可以为用户提供免费的体能测试，在用户跟随 keep 系统做完一系列测试之后就能得到相应的身体机能测评。keep 软件结合用户自己设定的健身目标和周期给出详细科学的健身计划，对于决定开始健身但是没什么健身知识的用户，这份免费的评测和科学的健身计划可以说完美地解决了其需求。

为不同用户单独测试的功能成本相对来说是比较高的，但是如果通过比较不同用户差异水平和需求，哪怕是细微的差异也能做出针对性的内容调整，不失为一种很好的定制化满足。另外，很重要的一点是，网课的内容必须依据学习者的使用意见及时调整，如在课程录制之初没有顾及某个方面，在后续进程中必须及时做出调整。

番外 用户打开任意一门课程和一个知识付费网站，都是希望有所收获的。要想成功地把"陌生人""路人"转变成粉丝，就要给用户知识上的满足，满足用户的预期甚至超出他们的预期。这一切的前提是了解用户、了解粉丝、拥抱粉丝。

以用户的痛点为切入点

现在所有的产品经理都在重复讲述"痛点"思维，切实解决用户痛点，不仅在课程内容上要精益求精，同时也要注意在使用过程中不给用户增加额外的学习"负担"，始终坚持以用户为主导。网课在内容的设计上其实秉持的是教师的角色，即如何帮助用户用最高效、最便捷的方法学到自己想学的知识，如何帮助学习者快速习得所需技能，引导没有条件的学习者以正确的方式学习一门新的知识。当然，网课并不是只有刚需知识的市场，一些兴趣领域的课程同样受欢迎，如插花课程也有不少的流量，还有厨艺烘焙课程同样能收获很多粉丝，换句话说，只要针对用户痛点的课程，都会受欢迎的。

那么，如何切入痛点，让新用户在初次使用后就能尽快转化为粉丝，这涉及产品课程的呈现形式和组织结构。在产品的框架搭建过程中，开发者要始终谨记"帮用户省时，为用户省力"的原则。用户是不会等课程慢慢修正和补充的，也不会在混乱驳杂的内容中找出自己需要的部分，"使用体验"是评价一个产品很重要的考量标准。哪怕有些课程确实是干货满满，能够让用户有所收获，但是如果页面不美观，交互方式烦琐，甚至讲授者授课无吸引力，甚至没有图片、音乐辅助等细微的小问题都会成为用户吐槽的导火索。以用户为主导，不论是内容的安排还是形式的设计都要秉持服务心态。另外，引导用户发声，引导用户主动表达意见也是切入痛点的方式。

帮粉丝省时

一般情况下,学习者选择一门网课有三种情况。

第一种情况是这位学习者是课程讲师的铁杆粉丝,只要是这位老师讲的内容,不论在哪个平台上线,不论讲什么内容,学习者都心甘情愿去主动获取,主动付费。罗振宇就是一个范例。他做了一档知识普及类脱口秀节目《罗辑思维》,讲述风格风趣幽默、旁征博引,很多历史、哲学、政治、经济知识信手拈来,受众听完一期节目收获满满,而且没有因知识高度集中带来疲惫感,因此《罗辑思维》的收看率一直很高。开播4年后,《罗辑思维》第五季节目,只在得到APP独家播出,从视频改成音频,很多罗振宇的粉丝便纷纷下载得到APP收听。为什么这些粉丝愿意为一档节目下载一个APP呢?当然罗振宇的个人魅力是吸引很多粉丝的一个重要原因,更为重要的是他将自己看过的书、思考过的问题做成节目以生动有趣方式讲述,这样让粉丝可以利用碎片时间轻松听、轻松看,同时增加知识,这对于好奇心旺盛想扩展知识面的受众来说是一种很好的学习方式。

第二种情况是学习者急切需要获取某一方面的知识和技能,那么,讲述者的资历要够深,见解要够精道。通常来讲,这样的学习者是有自己很清晰的目标的,知道需要学什么样的课程,需要解决什么问题。针对这类学习者,课程设计者一定要克制,不以内容多为胜,更重要的是内容精。针对不同的学习者,有量身定制的课程体系,有清晰的内容简介和完整的学习过程,就可以帮助学习者省时省力地进入知识体系。这是在内容的遴选上为学习者省时间。此外还可以从查找程序上帮学习者省时间。不论是知识付费平台还是知识付费课程都需要开发各种各样的内容，可以最大限度地引流，但是引流过来的学习者面对繁复的课程内容，不会有耐心寻索。通常学习者如果在十分钟内找不到自己真正想了解的内容就会关闭界面，也就是说，在查找上帮学习者省时是留住学习者的一个重要手段。例如，为驳杂的课程内容做一个自助服务体系，可以是关键词的精准搜索，也可以是导引程序的设计。需要注意的是，既然是提供导引和搜索功能，就要真正以学习者的搜索和认知为出发点，而不能以现有课程内容为基准，这是以用户为主导的开发观念的试金石。例如可可英语在信息索引这个功能上就做得非常完备。分类科学、简介详细，且提供快速入口，在精品一栏插入付费课程，这样就可以帮助学习者迅速了解所有内容并挑选出自己感兴趣的课程。当用户有需求时，就能很自然地想起自己曾经在这里看到过这个内容标记。

第三种情况是借鉴一些网课的经验指引做兴趣练习。比如之前提到过的插花课程、厨艺课程，还有手工制作课程等。这些课程内容轻松，旨在提高用户品位或技能。这样的课程如何为学习者省时呢？首先内容要尽可能详细，不可笼统概括，制作者不厌其烦地呈现制作，使用者才会省时省力。可以详细到每个步骤的分解讲解，每个手法的多方位演示，每个搭配的定量定额，等等。新手只需要完全按照教程操作就能取得不错的成果，无须再自己摸索。经常听到有人向周围朋友推荐某个软件或者某个课程时说:"内容非常详细,你直接按照上面教的做就好啦,很简单的。"这就是为用户省时。

为用户省力

为用户省力,包括省脑力、省体力、省财力,在这里主要介绍为用户省财力。所有的网课都需要考虑课程价位。一些定价很高的课程,虽然内容非常饱满,但依然会流失掉一大批用户。在这里就需要我们认识网课的实质。

不同于以往一对一或者一对多的面试课程,受老师时间分配和讲课场地的制约,这些成本都需要计算在课程价格之内,但是,网课时代这些制约因素基本都被克服了。首先,老师只需要把要讲的内容录制下来就可以被无数人无数次地观看,不需要老师再拿出时间做重复工作。其次,网课没有场地和地域限制,可以被全国甚至全世界的人在任何有网络的地方观看。最后,网课的受众面向的是全网用户,不再仅仅局限于某地某省,理论上是无限扩大了市场。而最重要的是内容成本没有大幅度提高,而且内容质量和更新频率比传统课堂要高要快。这也就意味着,用较低的成本收获更多的用户更大的市场,那么"物美价廉"就可以助力网课走得更远。

根据市场观察,网课的用户通常会同时购买好几种不同的课程,这些课程通常定价较低,比如99元一年,199元一年;但是较少人会订阅399元一年,599元一年的课程。其实算下来花费一样,但是学生希望自己能看到更多一点的内容。至于内容是否真的适合自己或者能不能学完,这些往往都是在价格之后的考虑因素。由此可见，网课的定价如果较高，往往容易损失一大批用户。

当然，如果课程定价低就难免会在内容上做出调整和妥协，而且过低也会引起用户的质疑。一般来说，定价过低的课程很难有足够的干货内容或者内容不成体系。那么如何在保证课程内容质量的前提下把价格控制在一个吸引用户的档位呢？这里需要做的就是内容分类整合，把庞杂的体系通过合理拆分制作成体量稍小的系列课程。这样既可以供不同水平和不同学习目标的人进行挑选，也可以将总价格拆分，从整体来说，不会影响收益。

对于不同类型的课程来说价格考虑是不同的。例如，互联网上有很多免费的课程，涉及方方面面，只要想学都可以找到。但要在庞大的互联网资源库中找到适合自己的优质资源仍是费时费力的。由此，为用户整理资源挑选资源的付费服务就诞生了，这样的信息搜集工作不需要原创内容产出，定价太高很容易受到用户抵制。另一种网课是原创内容的产出，可以是经验总结也可以是学科、行业知识教授，这都是需要精力和时间的大量投入才能产出高质量的课程。这样的课程定价稍高不会影响订阅积极性，而且还能帮开发者自动过滤掉一大批路人，能够获得最真实的用户数据，筛选出有实际需求且有强烈学习动机的粉丝型用户，通过宣传课程内容和服务方式预告付费内容，并根据反馈更好地进行内容调整和提升。对于一些兴趣类、娱乐类课程，用户往往更倾向于在互联网寻找相关免费的内容来看，鉴于这种情况，如果把课程价格定到一个很高的档位就鲜有问津。对实际操作技能类的课程，可以先制作几集时间较短、内容较浅显的课程供学习者免费订阅观看学习；将真正系统的有难度的内容放到付费内容之中，同时附带提供人工服务——人工解答，这样可以吸引真正感兴趣的学习者。

> **番外** 解决用户痛点是一切课程和产品能够立足壮大的关键点，往往可以有"四两拨千斤"的奇效。有些用户忠于某一系列课程或者某一课程平台是因为"我想要的它都有"。只有知己知彼，清晰了解用户真正想要的并准确安排课程内容和授课形式，才能够快速地将用户升级为粉丝甚至是铁粉。

以用户的质疑为标准

为什么要以用户的质疑为标准？很简单，就是反复在强调的以用户为主导。不管是讲师课的课程还是普通人的分享，想要在互联网市场中崭露头角吸引用户，首先就要明确以用户质疑为标准。因为无论什么样的产品和课程创作，目的就是供受众使用，通过帮助受众解决问题得到回报。受众的质疑往往有很多"干货"，受众会从使用者的角度指出课程内容存在的某些不合理之处，通过较长时间考量产品的定位、设计，并提出建议。对于课程设计者来说，资深的粉丝型用户提出的意见必须重视。

接受质疑，获得信任

一门课程就是一个产品，要想获得用户的绝对信任，让用户在产品竞争中选择自己，自发自愿地维护自己，这是一个长期积累的过程。据统计，最短使用时间6个月或购买频率不低于5次，产品在使用过程中每次都能满足用户需求甚至超出用户的预期，这些用户才可能真正升级为粉丝。

只有切身地以用户身份体验产品和课程，以消费者的眼光审视课程的设置和内容的质量，以铁杆粉丝既是"一家人"更要"鸡蛋里挑骨头"的态度来督促课程和产品的开发，才能帮助课程实现突破。

正视用户的质疑，摆正心态接受用户的批评和意见，这首先在态度上就能够帮助课程或者产品获得用户的信任。即使用户提出的建议和意见没有可行性，但是可以给开发者一个思考的角度，这对于开发者来说是弥足珍贵的。接受用户质疑并不等于放弃自己的立场，开发者如果能始终秉持服务者心态，坚持为用户提供优质内容的立场，那么用户一定可以看到开发者的诚心，信任就会在不知不觉间建立起来。

解决质疑，实现进步

每个辛苦做过内容创意和输出的人，每个熬夜做过形式编排的人，都希望自己的成果被用户认可。一旦有人提出批评和质疑都会失望失落，这是正常的心理。如果开发者能够心平气和地面对用户的质疑，接受相关要求并进行完善，以实际行动回应用户，那么久而久之用户就感受到课程开发者的诚意，升级为粉丝。开发者在接受质疑后认真分析，做出应对，解决质疑，在下一次上新后做出恰当的改变和调整，是面对质疑的最佳态度。

以现代人日常都在用的软件微信为例。微信 2013 年年底开始大规模流行，截至 2020 年 3 月，微信及 WeChat 合并月活账户数为 12.025 亿。微信除即时聊天和通话视频的强大功能之外，还成功地开发出收付款、自媒体公众号、小程序等爆款功能，每一项新功能的上线就会引爆新一轮的投资和创新风口，这对于任何一个产品开发者来说都是巨大的成功。微信经常在很多平台上发布调查问卷收集用户意见，如你最想微信做出什么改变，你最想微信上线什么功能，你最想微信在哪项功能上有所改进，等等。对于微信团队来说，正是因为来自粉丝用户的巨大质疑压力，才促使他们迎难而上，解决了一个又一个问题，保证了微信的高质量高水平。

番外 虽然开发者知道应该从用户痛点切入，但最终是否真的止痛了，还要以用户评价为参考。那么，来自用户的质疑很显然表明并没有成功止痛。未来还需做改进和调整，还需不断完善，但是，每一段艰辛的路途都是上升的路途，所以不要惧怕，不要抗拒来自用户的质疑。质疑促进成长，如果课程上线后反响平平，没有任何反馈、质疑的互动声音才是真正需要引起警惕和担忧的。

用户的时间就是你的商机

深度了解用户、找准需求和痛点、以最高效的方式提供最优质的内容,前期做的一系列工作最终都是为了培养粉丝,获取粉丝青睐,建立粉丝口碑,这是"打出去"的组合拳。"打出去"之后如何"收回来"?如何把粉丝的关注转换为实际收益?如何让粉丝开心自愿地买单?这就涉及商机问题。

用户的时间代表了关注度,这是产生实际效益的前提,因此现在所有互联网产品都在争抢用户的时间。用户的关注和认可一般能够从愿意为产品花费多长时间反映出来。如何保证自己的优质内容能够被用户及时查看?在什么时间做推送和上线会更容易被点击查看?如何吸引用户的注意力使其对课程念念不忘,主动寻找时间查看?如何把普通用户培养成超级粉丝?

首先,基于互联网内容传播碎片化、移动化的特点,网课无法强制用户必须在某个时刻查看内容。因此,能够占据用户的碎片时间,确保用户在闲暇时刻想查看新内容时能够查到就非常重要了。其次,要能够保证用户身处知识轰炸中还能被自己的课程内容吸引,能够在看到推送和上新的题目和简介后就主动留出时间查看学习,内容的新奇有趣也就显得非常重要了。最后,通过建立社群的方式,深度接触了解用户,对不同水平和不同目标的粉丝进行针对性服务,能够提升一般用户的使用黏性,使其成为粉丝进而升级为超级粉丝,最快最有力地实现效益转化。

见缝插针，占据用户的碎片化时间

现代人的生活和工作的方式及内容已经发生了极大的改变，工作的流动性增强，工作者从室内走向室外，通过线上线下加强合作，无缝切换成为一项越来越重要的技能。基于用户端的这种现实情况，互联网的内容传播方式就必须及时做出调整，应该注重即时性和时效性，用户只要有时间有设备有网络就可以随时随地查阅浏览，这是一场争夺用户时间的激烈战争。

询问用户的时间

积极与用户进行交流互动，不要一味猜测用户愿意在什么时间看到推送，也不要过度依赖数据，课程开发者最应该做的是以轻松的心态和用户交流。

对于输出课程内容的人来说，如果已经有了一定的粉丝量，且品牌的调性和粉丝的追求基本吻合的话，在留言互动中，课程内容输出者就应该以积极、活泼的方式和用户交流，主动地探寻他们进一步的需求，如希望在什么时间看到内容的推送，然后满足用户的期待就可以了。

对于一些在大的内容平台上线的讲师课来说，也可以积极创建渠道和用户沟通。付费课程领域的明星课程都有专属的粉丝社群或是微信群、公众号或官方微博，这些沟通平台的创建和维护就是为了让用户能有发声和表达需求的场所。在这样的社群里与用户交流，一来可以更好拉近讲师和受众的距离，二来可以更好倾听受众的意见，三来可以使更多用户更快地升级为粉丝。

尊重用户的习惯

如果没有得到用户明确的"回应",那么一切从尊重用户生活习惯和阅读习惯出发即可。比如,《罗辑思维》每天的 60 秒音频是在早上 6 点,这对于工作努力的职场人士来说刚刚起床,就可以在洗漱时间里把这短短的 60 秒音频听完。这样每天早起时就能获得新的知识点,对于用户来说是一件不难坚持下去的事情。

还有每天早晚的通勤时间,早上 7 点到 8 点半,下午 5 点半到 7 点也是课程推送的绝佳时间。现在快速便捷的 5G 网络给了用户随时随地查看内容的条件,因此对于在都市生活的人来说每天平均两个小时的通勤时间是能够学习到很多东西的,日积月累就会实现质的改变。对于大学生而言,时间相对自由,因此课程的推送应选在他们最希望看到新内容的时候,上午 9 点以后到中午之前是一个合适的时间段。很多学生在晚上会安排一些娱乐、体育活动,难以确保他们会有强烈的学习动力去收看网课。

总之针对不同用户的作息规律,认真选择他们可能会看到并且能够看完的时间,然后结合对点击量等数据的分析,及时做出调整。

体谅用户的辛苦

每位坚持在闲暇时间收看网课的用户都是付出了比别人更多的时间和心力的,他们要么是渴望在某一领域取得更高的成就，要么是想学到更多知识，要么是深度学习某一技艺，等等。课程开发者要清楚自己的用户都不是全日制学生，要尽可能地帮助他们减少额外学习带来的压力，才能够吸引用户在碎片时间来"打卡"。

在内容呈现形式上，可以是视频、音频、文字加图片等多种形式呈现。这是考虑到用户的不同学习场景。多种形式的呈现会加重设计者的工作强度，但是能够给用户带来极大的便利，帮助用户实现只要想学习的时候就可以学习的愿望。

另外，还需注意不要把内容放在一个平台，否则会大大局限课程的传播，也会影响用户的使用。一般情况下，一些做得比较大的内容品牌都会有自己的微信公众号、微博账号、豆瓣账号，基于不同形式的内容，有些品牌会同时在喜马拉雅FM或者蜻蜓FM等音频平台上线音频，在优酷、爱奇艺或者B站等视频网站上传视频，另外还有大量的知识付费平台。这就要根据自己内容的调性，尽可能多地选择输出平台，好处是用户手机上只要有一两个相关的软件就可以查看到相关内容，既提升了用户的使用体验又保证了课程和内容的点击率。

番外 抢夺时间在一定程度上就是抢夺关注度和流量。在互联网内容输出这一阵地也曾先后出现过很多精彩的品牌，但因种种缘由没落了，认真反思总结会发现一个共同的问题，就是没有及时抓住用户的时间，不仅没有给用户带来便利反而增加了额外的负担，导致受众群的流失。

推陈出新，把"老扫帚"换成"吸尘器"

只有不断创新才能持续吸引粉丝。对于网课来说，只是内容有料还不够，还要保证输出风格有趣。轻松的表现形式能帮助用户更加方便地获取内容。

形式有趣

有些人想到网络课程，也许就会联想有一位老师出现在屏幕中，身后是一块显示屏，眼前是一台电脑。这样的课堂和传统课堂其实没有什么区别，只是没有坐在老师对面的学生而已。如果要求用户专门找出时间来观看，这样的课程很少有人能够坚持下去。

很多网课已经在尝试各种各样的新形式，比如说套用动漫人物和情节，以动漫人物的特征，彰显年轻活力，吸引年轻人；对图文内容进行升级，采用简笔漫画的形式表达主要内容，活泼生动。

对解决实际问题的课程来说，建议用好讲故事的方式。好的故事引人入胜，可以引导受众在不知不觉中把一节课的知识学完。而且场景化的知识学习更容易记忆，更容易在生活中运用。理论知识的学习也要注意摆脱枯燥的形式，同样可以紧密结合案例，绘声绘色地表达。

视频和音频的制作也可以规避传统说教的形式。例如很多社交媒体上的网红都在做自己的付费课程，其中有一位女孩叫Lori，她原来是个搞笑视频博主，在微博上积累了数万的粉丝。

她留学美国，英语口语非常纯正，于是依据自身优势开设了教粉丝提升口语水平的课程，她上课风格风趣幽默，通过讲述很多真实发生在她和她朋友们身边的故事来引出发音的正确方法，看完她的视频课程不仅收获满满而且非常快乐。

内容有料

空洞的内容不能吸引学习者，死板的内容同样不能留住用户。新奇感是每个用户都期待的体验，经常能听到粉丝维护自己喜爱的产品会说"总能带给我新的东西和新的思考"。一成不变对于课程开发者来说是停留在舒适区中，不想或者不敢探索自己的边界。维持新奇感的前提是"有料"，是言之有物，是慧眼洞察。现在有很多面向大学生的找工作培训课程。课程内容多是给大学生提供不同的思考角度。比如为什么简历能过关却总是输在面试？是不是自己在面试过程中言过其实？是不是不会表达自己的特长？如何在竞争激励的暑期实习中拿到 offer？如何在群面中脱颖而出？当课程专注于细微的知识点，把每一个知识点讲透，就能够给用户带来学习的满足感。碎片时间的收获与进步都是细微的，但日积月累，总会实现质的突破。

运营有法

想要占领用户的碎片时间，仅有优质的内容还不够，匹配精准的运营才能在粉丝社群中引起热议。可以说，**90% 的课程内容都需要成熟的、连贯的运营才能真正介入用户的实际生活**，成为他们生活的习惯，占据他们碎片化的时间。

运营活动是通过组织活动和互动培养用户的使用习惯，如连续点击打卡可以获取会员福利，闯关答题可以获取课程免费机会，定期发起主讲人在线答疑互动、策划线下用户见面会也是非常好的融入粉丝生活的方式。每一个小的活动都是在搭建用户习惯，不论是日常互动还是精心策划的活动都可以慢慢地占有用户的时间。

现在很多付费课程都在打造自己的粉丝社群，想要进一步学习的用户可以付费入群，成为课程的粉丝，通常是年度会员。在群里，粉丝之间可以相互交流，建立归属感和认同感。同时课程主讲人或者开发者可以即时回复粉丝的质疑和问题，为粉丝提供更好的服务，这就相当于把课堂延伸到生活中。一般来说，粉丝只要有时间就会查看群里的消息，使用黏性越来越强。

番外 工作环境、生活环境、创业环境、学习环境每天都在发生着变化。这样的市场环境对于每一款产品和课程都提出了不小的挑战。粉丝的期望值越来越高，太多优秀的、可替换的选择层出不穷。穷则思变已经不能够在快速变化的社会中生存了，必须时时刻刻想着变化，变得更新、更快，才能一直抓住用户，才能使更多的用户升级为粉丝。

重点捞鱼，实现用户的转化率

课程开发者如果能培养出一批铁杆粉丝，带来的宣传作用和经济效益是不可估量的。《罗辑思维》之所以能够衍生出得到APP，其坚实的基础就是最初最老的一批订阅者。一位铁杆粉丝可以感染其他用户，消费者也更倾向于相信资深消费者的推荐，如果一个铁杆粉丝持续对身边的人推荐、宣传某一门课程，那么，很容易会勾起他人的好奇心，扩大传播范围。铁杆粉丝不仅可以拉动周围亲朋好友，而且还可以在课程的粉丝群中起到活跃氛围增强社群凝聚力和认同感的功用。尤其是一些本来就已经是 KOL（Key Opinion Leader，关键意见领袖）或者名人的粉丝在自己的社交媒体和粉丝社群中为课程发声，他的粉丝和追随者也一定会对这门课程产生兴趣。那么，怎样才能培养出超级粉丝呢？

情投意合

用户选择产品和课程，课程开发者也在筛选用户，这是一个双向匹配的过程。对于课程开发者来说应该选择什么样的用户作为潜力铁杆粉丝来培养呢？首先就是要双方"情投意合"。在吸引用户实现转化的过程中，产品开发者要通过对用户的观察，选择订阅时间最长的用户，这代表消费者已经认可了课程确实给自己带来了帮助，而且也喜欢产品的调性，这批元老级用户应该得到特殊优待。其次要选择活跃度最高的用户，他们持续高度地关注课程的新动态，说明课程确实契合了他们的需求，通过进一步的深度了解就可以为这批用户提供更加精准的服务。另外，经常在社群或者后台反馈意见的用户也值得高度重视。在这样的粉丝型用户帮助和激励下课程开发者就能不断提升产品的质量，形成一个良性循环圈。

不是所有的用户都能够转化为粉丝或实际的购买者，用户盲目购买了课程然后在网上给出差评会对课程的口碑带来不好的影响，因此给用户设门槛是一个必要的工作。在明确课程的目标用户之后，就要敢于舍弃目标群体之外的市场，专注于目标用户的培养，通过产品课程把有相同兴趣的人聚集到一起，成为课程的粉丝群。

此外，对于想认真做付费内容的开发者来说，不必急于一时之功，慢慢发现培养和自己价值理念相近的粉丝，精准定位、慢慢培养才有可能在课程周围聚集一大批稳定的优质粉丝。

矢志不渝

无论知名品牌还是独立课程，单方面期望粉丝贡献经济效益是不现实的。粉丝只有在得到一定的收益后才会为产品广宣，这一点网课的开发者要心中有数。超级粉丝的培养之路是漫长且艰辛的，只凭欣赏和兴趣是无法真正打动粉丝的。要切实给粉丝专属特权，让粉丝感受到实际的优惠。

很多品牌和网红为了巩固在粉丝心中的位置，会经常举办"老粉丝专属福利"之类的活动，这样的优惠活动力度很大，可能是打折、可能是送礼物，但参加活动的门槛较高，要么是互动排行最高，要么是累积消费达到多少额度等。老粉丝专属的优惠活动可以很有效地维护铁杆用户的活跃度和新鲜感。只有切实地让老粉丝感受到福利，他们才会真正为产品发声宣传。给粉丝的特权还有很多形式，比如新课程上线第一时间通知，凭借会员标记可以免费听一部分课程，主动听取老粉丝的意见，给他们一定程度的参与制作权利，等等。

粉丝能够回馈给产品开发者的也很多，如每上线新课程或者新栏目就会围观增加人气甚至直接购买，在微信朋友圈和微博主动宣传、提出相当有参考价值的意见，主动为一般用户解答问题等。经常看到有人在自己微信朋友圈转发自己关注的公众号文章，久而久之他的朋友们也会打开浏览，影响力的水波就会一圈一圈地蔓延开来，逐渐积累了人气。有些人也会在自己熟悉的微信群里详细介绍自己比较欣赏的课程内容，那么他的朋友一旦有需求必会点击观看。还有一些粉丝会在自己的文章中介绍对自己影响很大、帮助很大的课程，那么他的粉丝也会产生了解这个课程的意愿。

并肩前行

一门课程慢慢成长为一档高水准的明星课程，其间会经历很多坎坷。如果一开始就有粉丝的陪伴鼓励，那么向上攀爬的路就会温暖一些。有很多产品都是在最低谷时靠着粉丝的鼓励和期待重新振作起来的。在超星学习通上经常有收听排行榜，受到用户的喜爱和支持高居榜首的授课老师会更加用心地打磨完善课程内容，这份动力和自己的初心共同激励着他们前进。

很多年轻的粉丝也是随着产品一路成长起来的。从接触网络课程到了解更广阔的世界，很多学习者在课程的指导下找到了人生方向。《罗辑思维》就有一大批这样的粉丝，当罗振宇还在优酷做视频节目的时候粉丝们还在读大学，通过罗振宇的读书讲书拓展了知识，当罗振宇创建了得到APP，这批当年的大学生已经进入职场且多半小有成就，但依旧保持着收听罗振宇早上 60 秒语音的习惯。

粉丝和产品是相伴随行的,一门课程如果想做得长久,得到更多人的喜爱,那么珍视已经积累的粉丝用户,积极倾听他们的意见,引导他们鼓励他们发声,对于自己未来的发展是至关重要的。

番外 寸金难买寸光阴,互联网世界的时间尤其宝贵。网课要想占领用户的时间,就要首先提供用户最想看的内容,真正解决用户痛点的内容。尊重用户的时间习惯,把用户当成自家人来看待,和用户建立起基于相同观念和兴趣的强有力的联系,以真性情对待用户。当用户升级为粉丝或铁杆粉丝后,更要放平姿态,走到粉丝中间去,走进粉丝心里去。

扶摇直上——平台助力网课全面推广

一般来说，大的内容平台可以为课程开发者提供较为全面的推广服务，并且有大量潜在用户，因此，网课的开发者在课程开发伊始就一定要寻找合适的载体，学会借力。现在互联网市场有很多优质的音频视频内容平台可供选择，不同内容的课程基本上都可以找到合适的网站和平台，平台自带的流量也可以直接为网课所用。

无论是精心制作的系列课程，还是出于兴趣爱好不定时制作的精品课程，如果只在自己的微信公众号或者微博这样的社交媒体上传发布，那只是在很小的圈子里传播，无法产生大的影响。一门优质的课程如果想很快地被用户看到，就应该借助平台的力量进行推广。

大平台的自身优势有很多，很多文化品牌课程以及个人的课程都是在大的平台收获了更多的关注。首先，大平台的知名度很高，一般都拥有投资，可以专注于内容领域的精耕细作；其次，平台提供了载体，集聚了大量的内容，可以吸引更多流量。如果网课登陆某一平台，那么这一平台的用户也就直接成为该课程的用户。

另外，大平台的下载率很高，以喜马拉雅FM为例下载量已经突破6亿，也就是说只要课程在喜马拉雅FM上线就有可能被至少过亿人认识了解。再者，平台上的内容发布经常会有排行榜，可以直观地看到自己的课程内容是否受欢迎，这可以刺激网课的制作方更加用心，也可以从其他类似的产品和课程中吸取成功经验。

目前国内做得非常出色的平台有很多，比如面向大众的有喜马拉雅FM、蜻蜓FM、荔枝微课、播客、考拉FM等，面向学习者的有中国大学MOOC、超星学习通、万门大学、网易公开课等。本章选择几个受众较多、生态也较成熟的平台详加介绍，读者可以根据自己开发课程的内容和风格自由选择平台。

喜马拉雅FM

喜马拉雅FM在2013年上线手机客户端，仅用两年时间用户就突破2亿，是目前国内发展最快、规模最大的在线移动音频分享平台。喜马拉雅FM可以在多个市场下载，安装也十分便捷。喜马拉雅FM的发展模式为用户原创内容，也就是现在大火的UGC模式，最大限度保留了用户的原创性，激发了用户的创造力，因此音频创作者非常集中也非常活跃。

喜马拉雅FM的音频创作和分享吸引了大批热衷通过声音来传播思想和分享观点的人，网课的开发者完全可以找到相同领域、志同道合的创作者。而且有很多知名的主持人已入驻喜马拉雅FM讲课，如蔡康永的《蔡康永的情商课》，市场反响就很强烈。另外，还有很多大学教授和知名学者讲授的文化课程，如余秋雨的《中国文化必修课》，王蒙的《王蒙讲孔孟老庄》，钱文忠的《钱文忠讲佛》，等等。

另外，喜马拉雅FM的内容类型十分全面，覆盖了几乎所有的文化、娱乐以及科普领域。如人文历史、商业财经、外语尖货、国学书院、IT 科技等文化类课程和节目；还有人际沟通、职业技能、高效管理、心理调节等实践培训课程。针对不同类型的课程，喜马拉雅 FM 会帮助讲授者团队定制宣传封面，用户点评也可以畅所欲言写反馈提意见，对讲授者来说也是很积极、及时的鼓励和鞭策。

人人都可以是主播

UGC 模式的兴起发展了一大批社交媒体，如微博 140 个字可以表达自己的观点态度，长篇大论可以写成头条文章，话语权的扩散给信息世界注入了源源不断的新鲜血液。"知乎"同样是 UGC 模式，每个人都能成为原创内容生产者，在知乎获得荣誉的标准就是回答被高票点赞，自己的观点和内容得到别人认可，就会自动排在前列然后被更多的人看到。这样的模式吸引了众多满腹才华的创作者，也吸引了一大批在专业领域取得傲人成绩但却无人知晓的研究者，他们通过输出自己的知识得到网络关注。

喜马拉雅 FM 立志成为音频领域的 YouTube，鼓励每位有用声音传播分享知识愿望的人上传自己的音频作品，有很多普通人在喜马拉雅 FM 长期更新自己的节目，久而久之积累了上万粉丝。比如有一档节目叫《喷嚏》，主讲人是两位女孩分享她们在世界各地工作的见闻，对一些话题的观点，也会定期请嘉宾带来不同领域的趣闻。《喷嚏》第一季的订阅者达到了 2.5 万，播放量达到了 120 多万。在喜马拉雅 FM 上有很多这样的精彩节目。每个人只要有精彩的内容,再用吸引人的方式讲出来,都可以获得很多关注。

敢于表达,乐于分享

喜马拉雅 FM 可以说聚集了国内很多有想法并且会表达的人,他们有的是把自己的研究内容用平白有趣的语言和方式表达出来,深奥的知识不再是可望而不可即的。比如知识型网红河森堡在喜马拉雅 FM 的课程《了不起的博物馆》,选择了 25 座世界顶级博物馆,讲解镇馆之宝。关于大英博物馆的一期是木乃伊、上古天书罗塞塔石碑、奥克瑟斯宝藏以及中国的《女史箴图》和敦煌壁画;北京故宫的一期讲解《洛神赋图》《清明上河图》和珐琅器;卢浮宫的一期讲解《蒙娜丽莎》、维纳斯雕像和萨姆特拉斯的胜利女神。一共 50 期,每期 20 分钟,很符合网课的时长标准。

有的人是把自己感兴趣并且擅长的内容用音频表达,比如,心理咨询师会征集用户留言为用户答疑解惑。如《Steve 说》就是这样一档有近 30 万播放量的节目,Steve 是一位心理咨询师和心理学科普作者,他的节目有独特有趣的即兴对话,关注每个独特的人生故事,倡导深度交流,讨论过心理学、个人成长、亲密关系等多个话题,得到很多用户的信赖和追捧。

还有一些人是单纯地用音频记录自己喜爱的书籍和影视,在坚持用音频读书的过程中吸引了很多粉丝,很多用户都留言说在自己的闲暇时间跟着节目听了很多本文学名著。比如在喜马拉雅 FM 很知名的白云出岫老师,他一直坚持朗读文学名著,迄今已经朗读了《红楼梦》《水浒传》《三国演义》《初高中古诗文朗读》《鲁迅全集》（选读）等百余部作品，有百万人关注。这些作品朗读完全免费，朗读者和订阅者就是因为爱好和兴趣聚集在一起。

以上都是成功的网课，有的付费订阅、有的免费收听，凭借主讲讲师渊博的专业知识和用心认真的态度成就了喜马拉雅 FM 的明星课程，这就是敢于表达乐于分享带来的红利。

操作简易，免费使用

喜马拉雅 FM 如此吸引音频制作者还有一个重要原因是音频制作十分简单，基本没有什么经济成本，讲课老师只要有一部手机，把课程内容准备充分，语言流利，就可以完成录制。喜马拉雅 FM 还为用户制作了主播手册，详细介绍了录音步骤，只需要两步录制加保存就可以完成基本的录音，做到了最大限度上的简化。另外还可以录入背景音乐，只需要录音者把想要的音乐准备好，点击加号按钮即可添加成功，还可以多选，添加多首音乐。背景音乐的音量可以通过拖动音量条的按钮进行调节，也可以随时开关。

关于选择什么样的配乐更为合适，喜马拉雅 FM 也给出了指导。首先，音质要合格，调性和情绪要符合录音内容。对于网课来说，课程内容较为正规严肃的就应该选用清雅的纯音乐，课程内容较为轻松活泼的可以选择流行音乐。背景音乐的听感音量应该控制在人声听感音量的三分之一左右，依据这个标准就不会出现背景音乐高过主内容人声的状况了。另外，在内容段落之间、课程不同模块切换之间，可以使用较为鲜明的音乐作为内容切换间的过渡和提示。更为贴心的是，喜马拉雅 FM 还给出了抒情类曲目和趣味类曲目推荐，给录制者提供了范例。

录音过程中难免出错，那么剪辑就是必备技能了。喜马拉雅 FM 把剪辑功能做到最简化，只需要点击剪辑按钮，把小剪刀拖动到需要剪辑的位置再确认，出错的声音片段就会被剪掉，完全不需要录音者再学习剪辑技能。

关于理想的录音环境，喜马拉雅 FM 也给出了具体的建议。首先，要绝对安静，选择小空间，因为大空间会造成声音混响或回声。其次，尽量选择软包装环境，如书房、衣帽间等环境可以减少回音。另外录音过程中避免混入干扰声，如哭闹声、机器轰鸣声、交通工具声、手机铃声等，会严重影响音频品质，且会影响录音者的情绪连贯性。这就提醒录音者在开始录音之前一定要做好各个环节的准备。

喜马拉雅 FM 还给录音者提出了 6 个改善音质的小技巧，首先是戴上耳机可以减少杂音；其次，在换气的时候不要近距离接触话筒，避免喷麦，在麦克风上盖上一层湿纸巾也可以防止喷麦；最后，和话筒的位置不要发生太大范围的变化，避免声音听上去忽远忽近。喜马拉雅 FM 还提供了练习气息的方法。这些小技巧可以帮助新手录音者迅速上手完成较高质量的作品。

喜马拉雅 FM 给录音者提供了尽可能便利的服务，而且这些录音功能全部是免费使用，不产生平台使用费之类的任何费用。每个人都可以随意录音上传，形成自己的专辑。在主播工作台的板块，音频录制者可以清晰地看到节目的播放量和订阅量，直接量化地分析节目的受欢迎程度以便录制者更好地改进接下来的录制。还有社群管理，粉丝和群组也可以清晰地表明数量，还有声音评论和听友圈，可以通过声音进行社交。另外还有推广功能，录音多成就高就可以申请喜马拉雅FM的首页推荐。

> **番外** 喜马拉雅FM为每一个喜欢用声音表达、擅长用声音述说的人提供了非常好的平台，很多人依托喜马拉雅FM成为数万人关注的大V，这是互联网自媒体时代给普通人带来的红利。创作权不再属于少数人，发言权也不再属于少数人，只要有想法有内容，就可以找到好的平台发表自己的作品，怀才不遇在当今时代再也不是问题。

以大方向提供广平台

之所以说喜马拉雅FM是国内音频领域的YouTube，是因为喜马拉雅的内容种类繁多，几乎用户能想到的内容，在喜马拉雅FM上都能找到。无论是大众喜闻乐见的有声小说、情感节目，还是小众的科技新闻或者财经知识，都可以听到非常优质的课程和节目，甚至是个人的聊天脱口秀，只要言之有物能带来新的认识和体验，就会有很多用户追捧。

从分类来说，大的方向有娱乐、知识、生活，还有特色节目。在每个大的种类下，还有很精准的划分，比如有声小说又分为言情、悬疑、都市，畅销书的朗读又分为社科、经管、文学，儿童类书籍包括故事、卡通、儿歌。娱乐板块，也可以说覆盖了全部类型，音乐、相声、段子、影视、戏剧、"二次元"这些具体内容特色的划分吸引了不同年龄段的用户，喜爱听戏剧的用户和喜爱"二次元"的用户都可以在喜马拉雅 FM 找到自己想要的内容。知识板块是喜马拉雅 FM 的重头戏，平台精心推出过很多质量上乘的文化普及课，以中国文化为主，涉及古典诗词、历史、宗教、名人逸事，等等。此外，还有商业财经的专业课程适合想要学习财经知识的人利用业余时间学习。英语板块中，有非常多高质量的英语学习课程，以趣味学英语为主，还提供一大批专项集训课程，为广大在校生提供了福利。

虽然给用户提供了详细的内容分类，但是喜马拉雅 FM 并未给音频创作者太多束缚。每个内容创作者都被赋予了最大限度的自由，在很多个人的聊天节目中经常可以听到主播谈天说地，不拘一格、生动有趣。

UGC 模式的优势在于众多用户源源不断地产出海量内容，其中不乏优质之作。喜马拉雅 FM 对海量的音频节目和课程进行了详细科学的分类。甚至很多时候，连音频创作者都不太确定自己的内容属于什么类型，只需要在喜马拉雅 FM 的分类中认真搜索就可以找到适合自己内容的细分。繁多但是科学的内容分类，一是使平台内的海量内容井井有条，不会给用户带来压迫感；二是能够维持创作者有序运转，不会带来太多的运营压力。

以"国学书院"为例，横向来看，包括经典四书五经、国史、风雅诗文、纵横诸子、修心佛道、启智蒙学、琴棋书画、百家讲坛等 8 个不同分类。纵向来看，国学电台有百家讲坛节目、国学新知媒体、白云出岫朗读者、观复马未都和 CCTV 国家宝藏等各家大的音频创作者，各家在自己擅长的领域都上传了很多音频作品供用户下载收听。

另外在首页还会推荐热播节目，比如有 148.8 万播放量的《北大蒋文跃的中医养生课》。养生一直是百姓津津乐道的话题，从线上到线下谈论热度不减，养生医学专家带来专业的解读和指导，每周一、三、五，每期 15 分钟，绝不会给受众带来学习压力。此课程的大纲也体现了网课的干货特点，简洁有重点，系统地介绍了中医认知、养生常识、不同体质的养生、食养与食疗、养生之本、经络穴位、儿童家庭保健、妇科保健等知识，这些课程几乎覆盖了所有的中医养生知识，前半部分是理论的普及，后半部分是实践操作指导。

喜马拉雅 FM 提供了平台和用户需求，内容创作者只要用心呈现优质内容就一定会吸引到忠实粉丝。喜马拉雅 FM 提供了广阔的平台供内容创作者发挥，真正有才华、有思想的创作者可以凭精彩的内容以及有趣的表达方式就能吸引到粉丝。

番外 人人都可以是媒体，人人都可以是主播，只要有出色的创意、可落地的内容，并且能够以粉丝喜爱且受用的方式展现出来，人人都有可能成为讲师。开放的时代给各种内容平台提供了巨大的受众市场，每个人都期望能找到更精彩的干货并为之买单，同时每个人都有机会在时代舞台上亮相。

社交中的新选择

曾经，我们的朋友仅限于邻居、同学、同事，但是社交媒体给了我们扩大交际圈的条件，快速便捷的聊天软件让我们的朋友列表可容纳 2000 人。进一步打破社交边界的内容分享平台又给人们带来了线上交朋友的机会。交朋友不再需要同时出现在一个空间和环境里，哪怕未曾谋面，未来也不会相见，但是，凭借着强烈相似和相近的爱好就会成为非常好的朋友，甚至超过在真实生活中每天相遇的同学、同事。

随着互联网产品的不断丰富，社交媒体也涌现出很多新的形式。比如说摄影网站聚集着一大批热爱摄影、热爱分享的人，他们用自己的摄影作品表达生活态度，通过被点赞收获认可和关注，通过给别人点赞或提建议认识和自己观念相仿的人，以作品会友。

兴趣相投，相逢恨晚

曾经听过一个很传神的故事，关于两个人在网易云音乐某一首歌的评论区发表了十分相似的留言评论，就此认识后发现十分投缘，最后成了十分幸福的情侣。让人不禁感叹，现代人的社交圈似乎是没有现实边界的。在网上，兴趣、观点、爱好相似相近的人会互相吸引成为朋友。

喜马拉雅FM作为一档内容丰富种类繁多的音频分享平台，不仅包含大众都喜闻乐见的有声小说、职场培训等，还涉及了"二次元"、戏曲等内容。以有声小说的言情板块为例，《簪中录》是一部收听量达 2.8 亿的历史小说，用户就因为同样的阅读喜好聚在一起，加入这本小说的粉丝群进行交流。同在一个群里的用户可以互相交流情节，和音频主播互动，喜欢某一位主播的用户们会交流联系方式，成为现实中的好朋友。再如喜马拉雅FM的"二次元"大本营就聚集了大批热爱动漫和游戏的玩家，他们在大本营里的各档节目中找到了同样的玩家，大家一起切磋交流。尤其是对于游戏玩家来说，很多小众的游戏，在喜马拉雅FM的音频内容里能找到知音交流是一件十分兴奋的事情。

原来你也在这里

如今，喜马拉雅FM的音频内容已进入很多人的生活中，被用来作为交际时的推荐内容，大家都有这样的经历，在听到一档很优质的节目、看到一本很棒的书时，就会很兴奋地推荐给周围的朋友并且期望自己的朋友也会喜欢。经常在进入一个新环境，和周边的人交流时，若发现不约而同在喜马拉雅FM听着同一档音频节目，一定会迅速拉近彼此之间的距离。在喜马拉雅FM的功能设计中有一个很重要的功能是分享。用户可以把自己认为不错的内容直接分享到朋友圈和微博，如果出现了"原来你也听这部作品"的评论，那么自然就会有更多的交流。

番外 互联网的发展给当代人的生活方式带来了巨大的改变,不仅生活条件更加便捷,生活方式更加多样,社交也有了更多渠道。很多内容生产和分享平台都是基于社交产生的灵感,当代人只要学会发掘自己感兴趣的优质内容就意味着可以发掘出很多志同道合的人,而且可以在现实生活中吸引到真正兴趣相投的朋友,这是互联网科技提供的社交新选择。

荔枝微课

荔枝微课是一家成立于 2016 年 6 月的大众知识分享平台,立志成为一所线上的社会大学,内容涉及各个领域各项技能。上线 60 天就获得了金沙江资本千万的天使投资,上线 100 天就收获了近 100 万的粉丝,每日课程数量达 5000 节。根据百度指数统计显示,荔枝微课的最大用户群集中在 30~39 岁,这部分人在职场和自己所在的领域打拼多年,身处信息技术高速更新迭代的时代,需要快速补充新能量以适应工作要求,因此对线上学习的需求非常强烈。另外,20~29 岁人群也占了很大的用户比例,这部分人刚刚进入职场不久或者正准备开始工作,对工作技能的学习提升呈现紧急需求状态,也是线上学习很忠实的用户群体。

荔枝微课的内容设计覆盖了绝大部分人工作和生活的需要,无论是抱着学习知识的目的想要提升能力的职场人士,还是只想提高生活质量学习处理家庭关系的全职主妇,都可以在荔枝微课找到适合自己的优质课程。生活技能方面的课程分类有婚姻、家庭关系、恋爱、母婴、育儿、美食、心理、健康、医疗护理等;职场技能的课程涉及金融理财、管理、营销、技能、培训、形象管理等。另外还有很多知识爱好者学习的课程,如外语、小初高课程、艺术教育、人文、国学、时尚、摄影,等等。可以想见,一个家庭的父母、孩子甚至老人都有可能成为荔枝微课的潜在用户,每个年龄段不同角色的人都能在荔枝微课中找到自己想学的线上课程。

荔枝微课的口号是"与世界分享你的知识",十分鼓励有一技之长的普通人在荔枝微课开直播课程,分享自己的知识和经验。平台帮助素人讲师做推广引流的工作,大大增加了讲者的曝光率。2017年,荔枝微课推出"双千计划",即平台计划投入2000万元,孵化出超过1000位月入过万的讲师。通过"荔枝商学院"的教学方式对平台上的微课讲师提供全方位辅导,为讲师提供线上线下相结合的课程,包括精英讲师的经验分享、数据分析、深度学习如何管理粉丝、深刻解析经典微课案例等,以帮助讲师提高粉丝转化率和复购率,提升课程和讲师的吸引力。平台的力量在"荔枝商学院"中明确凸显。

用户群体高度专一

荔枝微课的用户黏性是众多知识付费平台中屈指可数的,令很多内容平台艳羡不已。这首先表现在荔枝微课的用户增长率极快并且很多用户一旦下载使用，软件的打开便极为频繁。根据百度指数的数据显示，荔枝微课的用户集中在 20 岁到 39 岁之间，尤以 30 岁到 39 岁居多。荔枝微课的课程类型多种多样，而且课程质量相对较高，讲课者都有资深的讲课经验和实践经验。还有更为冷门的内容比如蘑菇种植等农业类的课程在荔枝微课十分火爆，这部分用户只有在荔枝微课才能看到自己需要的课程，自然高度专一于荔枝微课。

荔枝微课以极为优惠的价格和分享，即返一半课程费用的方式牢牢吸引了一大部分既想要线上学习又不想花费过高的用户。很多中年人热爱分享，热爱交流自己消费过的优质产品，这个分享心理同样适用于线上课程这样的虚拟商品。分享即返半数课程费用的优惠政策一度在很多搜索引擎上居于高位，这反映了荔枝微课在用户中的活跃度。荔枝微课的课程价格分布于 19 元到 99 元之间，通过分享就能赚回一半课程费用，大大调动了用户的分享积极性，同时也吸引了新的用户进入，形成了一个积极循环。

讲者——付出就有回报

荔枝微课聚集了一批名人开课，吸引了不少的用户，但更多的讲师还是普通人，他们本身不带流量也没有什么知名度，在荔枝微课平台的推介下被越来越多的人熟知，不仅挣得了丰厚的薪金回报还收获了众多粉丝的认可，这些素人讲师在荔枝微课平台实现了自己未曾料想到的成长和进步。

桂妃娘娘是一名在荔枝微课开读书讲课的讲师，她开设的专栏定位为情商提升,在之前的工作中常常涉及同样的内容,因此讲起来得心应手。课程形式是语音直播,每节课30~45分钟,一节课讲一本书,这样的工作量小于之前的工作。像桂妃娘娘这样的纯素人讲师在荔枝微课有很多,他们靠着自己之前积累的工作经验和讲课能力将自身的影响力在微课课堂上放大了百倍千倍。

张雪巍是一位有十年蘑菇种植经验的农民。2017年5月份,他开始在荔枝微课开课,一共讲了50节左右的课,直接收益达2.6万元,虽然不是什么大数字,但这是他种植劳作业余时间的收获。他在荔枝微课有2000多的粉丝关注,连带着微信公众号的粉丝也上升至5000多人。荔枝微课不仅给张雪巍带来了额外收入,让他意识到互联网的巨大红利,更重要的是打开了他的视野和思路。他希望通过荔枝微课提供的专业训练提升自己的讲课能力,能够系统专业地为全国的菇农解决实际种植生产中的难题。

听者——用心就有收获

荔枝微课的专栏课程全部是从用户和用户最关心的话题、最棘手的问题出发的。对于中年女性用户来说,很多人都关心如何更好地经营婚姻,更妥善地处理日益复杂的家庭关系。荔枝微课就专门开辟两个专栏,同时开设了近30门课程,既有著名作家张德芬的心灵成长课程,又有众多专业心理咨询师的倾情讲述,而且课程内容完全贴合中年女性的实际生活,比如如何成为孩子的知心朋友,如何在家庭生活中保持独立等。针对中年女性同时承担妻子、母亲、女儿以及工作者多重身份时会遇到的难题，荔枝微课的课程既有价值观的倡导又有方法论的指导，为身兼数职的中年女性朋友提供了极好的助攻。

荔枝微课的课程定位不仅切合生活实际，还有很重要的一点是浅显易懂，这体现在涉及理论知识讲解的专栏课程中，比如金融理财、管理学、技能学习等专栏。荔枝微课的理念是用最简单的方式帮助用户最快地学会课程内容，一档名为《11节零基础稳赚型投资课》的课程一上线便吸引了1.3万人订阅收听，主讲人通过讲解银行、基金、券商、保险四大理财种类帮助用户系统掌握如何投资稳赚，用户在听过之后就可以直接上手操作，应用到自己的实际理财中。

番外 如何吸引流量、如何保住流量是一切网课开发设计的重中之重，还是要回到做课程的初心：以用户为本。课程围绕用户最真实的需求展开，并且坚持换位思考采用用户最喜欢、最省力的方式讲课，那么收获专一的粉丝用户只是时间早晚的问题。荔枝微课不仅做到了上述两点，还通过开展优惠营销活动牢牢抓住了用户的心。

微课界的"快手"

快手最近可谓风头正盛，到 2017 年 11 月活跃用户超过 1 亿，进入"日活亿级俱乐部"，总注册用户突破 7 亿，每天生产 1000 万条新视频内容。2018 年 6 月全资收购 Acfun。快手的内容覆盖了日常生活的方方面面，用户能轻松找到自己喜欢的内容，看到真实有趣的世界，也可以让其他用户发现和关注到真实有趣的自己。腾讯董事会主席兼首席执行官马化腾曾说："快手专注于服务普通人日常生活的记录和分享，拉近了人与人之间的距离，是中国移动互联网一款非常贴近用户、有温度有生命力的产品。"罗振宇在2018年《时间的朋友》跨年演讲中讲道："快手是连接者——那些最难被互联网世界连接的人，最难被记录的人，因为短视频，被接入了这个时代。"快手的用户分布在二、三线城市和广大的乡镇，真实地反映了这个广大的一直被忽视的没有话语权的人群的娱乐和兴趣。快手的生命力来自用户，CEO宿华曾说："不是快手寻找用户，而是这些用户找到了快手。"

　　荔枝微课能有如此迅速的成长同样得益于广大的被忽视了学习需求的用户，这些用户大部分生活在二、三线城市，以30岁到39岁为最多，40岁到50岁也占据着不小的比例。市面上确实有很多知识付费平台，但主要着眼于一、二线城市的年轻白领和年轻用户，以职场技能、学习思维的培养为主要内容，这些高深专业的课程对学习者的水平提出了不低的要求。而荔枝微课的课程设置可以让年轻的妈妈们在日常繁忙的家务劳作的间隙在荔枝微课上听到满满干货的育儿课程，还可以通过看讲者提供的PPT内容而省去做笔记的时间。荔枝微课为用户搭建了最便利的学习场景和最贴合生活需求的课程，因此很快成为知识付费领域的新星。

看到更多人的学习需求

荔枝微课的创始人曾多次表达过想把荔枝微课这个平台打造成微课界的淘宝，关注更多人的学习需求，解决更多人的学习瓶颈问题。长久以来，互联网资源多集中在大城市，绝大部分产品是围绕高薪者和潜在高薪者开发的，而更加庞大的人群被忽视了。他们可能是农民，渴望学习先进的种植技术；可能是工人，渴望学习更新的操作技能；可能是小县城的中学生，恰好对古典音乐非常感兴趣；可能是基层公务员，不满足每月固定薪水却不知如何投资；可能是商场的电器促销员，一直业绩低迷不知如何突破；可能是想了解保健知识的空巢老人……

这部分用户的爱好和生活需求是巨大的市场空白，可以说，荔枝微课和这些用户找到了彼此。

尊重更多人的真实生活

荔枝微课最开始在微信接入，用户只需要点进去就可以选择想听的课程。微信对现在很多中老年人来说是最熟悉、用起来最轻松的软件，荔枝微课凭借微信这个平台积累了第一批用户，最大限度地降低了使用门槛，真切地走进了这些用户的生活里。

独立平台出来以后，荔枝微课依然延续了类似于微信群的社群形式，不让用户有陌生感。不同于其他知识付费平台，荔枝微课开创了图文和语音互动的形式，图片更加直观，文字总结出课程要点，短视频增加趣味性，语音则解放了听课的时间地点，实时的互动提高了用户的参与感，甚至营造了真正的课堂氛围，而且众多用户可以在同一个社群进行交流，课程之外的社交功能更是提高了用户的参与积极性。

番外 互联网时代给了人们机会，可以体验使用越来越优秀的产品；互联网时代也给了人们视野，学习不再只有端坐课堂或者埋头读书，从移动阅读到网络微课，技术的进步扩大了人们的认知边界。这样的红利不应该只局限于某一个或几个优势群体，在娱乐狂欢席卷而来的同时，知识狂欢同样可以掀起波浪。

教育与草根贴心结合

离开学校后的学习成本不仅有金钱，还有时间。网课以尽可能低的价格和更灵活方便的学习模式提供知识服务。荔枝微课将这一红利又往前推动了一大步。首先，有大量的免费课程供用户选择，很多互联网的新用户还不习惯在互联网付费学习，他们在荔枝微课的免费课程中体验到了在线课程的好处，慢慢地成为忠实粉丝。其次，不仅是知名人士可以开设课程，每一位普通人，只要有一技之长敢于大胆展示，就可以在荔枝微课成长为优秀的讲师。

荔枝微课不再局限于某一阶层、某一年龄的人群，也不再局限于某一领域、某一学科。每个人、每个领域，只要有干货就可以开课。线上的知识分享甚至延伸到线下，屏幕前的用户转化成实际产品的购买者，这样的案例在荔枝微课比比皆是。

草根也可以是专家

发掘每一个人的价值,是荔枝微课在知识分享时秉承的理念。并非只有著名学者能够开课讲述自己的专业知识,并非只有知名专家能够展现自己的学识,并非只有大学教授、知名主持人、资深产品经理才能享受互联网知识分享的便利。知识分享平台的核心是知识,那么分享人的身份就变得不再那么重要,只要在所讲的领域有自己的独到见解就可以大胆展示。

对于一个内容分享平台来说,真正的持续生命力来自用户不断的内容创作产出和分享,而且从听者的角度来看,越是从同样的经验和困难中走出来的讲师所讲的内容越具有参考价值,只有这样才能让用户产生共鸣。

草根虽然没有耀眼的头衔,却有切身的经验;虽然没有闪光的学历,却有真实的体验。荔枝微课挖掘了在各个方面身怀绝技的讲师,帮助素人讲师引流宣传,有不少人在荔枝微课获得了认可和不菲的收入。

贴心的课程用心地讲

荔枝微课除了在讲师这一方挖掘了大量有真才实力的草根讲师之外,在课程的具体开设和操作上也充分考虑到了讲者和听者的学习习惯、认知水平等各种问题。为了更好地帮助讲师开设课程吸引粉丝,他们用心打造了"双千计划",系统地训练讲师的讲课能力,一方面提高了讲师的专业水平,另一方面也升级了听者的学习体验。没有高超的演讲技巧的草根讲师,讲课的语气声调、课程的节奏氛围都可以在荔枝微课的培训中系统练习。

番外 草根也好大众也罢,这个庞大的群体同样需要学习,需要优质的教育产品,荔枝微课找准了这一市场并且做得相当出色,同时也造就了很多身怀绝技的"草根英雄"。这也拓宽了网课的边界,不再只聚焦于一小部分人的学习需求。如今,社会更新迭代的速度如此之快,终身学习不再是口号而变成了时代的要求。

中国大学 MOOC

中国大学 MOOC(慕课)是由爱课程网和网易云课堂联合推出的。中国大学 MOOC 集中汇聚了国内"985"院校和部分"211"院校的顶级专家和名师的课程,是"国家精品开放课程"计划的一部分。自 2014 年上线以来,已经有几百所顶尖高校开设了几千门课程,其中还有国外的顶尖研究院,以及微软等优质企业开设人工智能的普及课程。爱课程平台还开设了教授微课制作的大量视频课程。这些课程的学习基本全部是免费的,吸引了大量的院校合作和学生自由听讲。

中国大学 MOOC 的口号是"好的大学没有围墙",平台上的课程几乎覆盖了大学阶段所有学科,同一门课程还有好几所顶尖院校开设的课程可供学生自由选择,学生可以根据兴趣选择老师和课程进行学习,坚持完成课程就可以获得老师亲笔签名的结业证书,而且结业证书得到教育部的认定。

大学生的贴心平台

互联网快捷便利的知识传播方式对大学课堂的影响很早就显现出来了,"翻转课堂"这个概念在一步步地探索完善。线上课程和传统课堂的相互配合教学在很多学校已经进行了很多年,并渐渐摸索出很多好经验。对于大学来说,整合优势教学资源在互联网进行视频授课可以很好地扩大学校的影响力,提升教师和学科知名度。对于学生来说,不再需要固定时间去固定教室听讲,自己在自由时间内自主支配课程的学习进度,只要保质保量完成课程作业,参加课程考试就可以拿到对应的学分,反而促进了学生学习的主动性,并很大程度提升了学习效率。

中国大学 MOOC 平台的课程,对于想要跨专业学习的学生来说,有了可以选择自己感兴趣课程的自由。在线上听课,学生可以自由安排时间,还可以自由控制进度,如果老师这节课讲的内容是自己已经学过的那就可以快进,节约时间。

对于想要考研的学生来说,可以直接听到目标院校的课程,而且很有可能是自己想要报名的导师在授课。MOOC 平台提供考研课程,包括数学、英语、政治,都是业内认可的考研名师授课,这些老师在考研培训业内具有相当的权威性。考研老师会免费开设直播课程,给予具体的备考指导。学生也可以选择付费课程,相对于其他考研辅导机构的课程价格来说,MOOC 平台的课程相对优惠而且课时更多,内容更详细。

名校名师任选择

如果时间提前十年，大学生们恐怕怎么也想不到能够足不出户就可以聆听国内顶尖高校的老师讲课，而且课程内容丰富。社会环境的变迁如此迅速，学生要学习的内容不断更新，而且现在很多工作岗位都有跨专业的工作内容，只掌握自己专业的知识显然已经不能满足要求了。如计算机专业的学生有一定的心理学知识才可以更好地写代码研究大数据，文科专业的学生掌握了商科知识才可以更好地理解商业和市场。

MOOC平台多学科多门类的课程满足了学生跨学科交叉学习的需求，而且顶尖大学集中展现优势学科的课程，最大限度保证了学生学习的效率和质量。学生可以在一年时间内学到正常线下三年才能学到的主干课程。

自主学习更高效

大学阶段的学习是自主学习，考核标准不再是课本知识和试卷分数，比起考试能力，更重要的是学习能力，能够自学、能够把知识真正运用起来是更加值得重视的。独立思考和探究的能力、搜索信息的能力、沟通交流的能力是一个优秀大学生应该具备的素质，这些能力可以在不同学科内容的学习过程中通用，也可以在学习状态和工作状态中通用。

另外，大学生除了课程学习以外，还有实践活动的要求，社团活动和学生会组织都会占据一部分时间，有些专业需要去企业实习，有些企业需要有参加实验室研究的经历，等等，总之，不会再像中学阶段那样能够把所有的时间都用在课本内容的学习上，因此需要更加高效、更加灵活的学习方式。中国大学MOOC的线上课程，只需要在规定的时间段内听课，完成作业就可以，至于听课的具体时间、场所，全部由学生自己安排。而且难点问题可以反复听，基础问题可以加快学，不懂的部分留言提问会得到老师解答，老师还会提供相应的课件内容，学生可以直接下载复习。

只有出于学习兴趣的学习行为才会有足够的主动性，才能在同样的时间成本下有更高效的收获。很多线下课程出勤率低，可能是学生对课程内容不感兴趣，可能是课程内容或形式太老套。中国大学MOOC把选择权完全交到学生手里，学生需要对自己的兴趣和学习动机负责，这样更有可能激发学生的求知欲。

番外 中国大学MOOC提供了一个资源极其丰富的平台，学生只要想学习随时可以登录，这也意味着坚持听课的学生有着明确的学习目的和较高的学习能力。对于网课的制作者来说，如果是高校教师，主要讲授学科理论知识，那么中国大学MOOC是一个极为优质的平台，当然，也可以借鉴其他名师的课程内容制作。

比专业更专业

中国大学MOOC的课程汇聚了国内多家知名高校的优势学科特色课程，对于很多学生来说可以学到比自己学校课程更加优质的内容。而且权威学校之间都会开设同一门课程或者类似课程，学校与学校之间的竞争也促进了课程质量的精益求精。以《大学计算机基础》这门课程为例，一般这样的课程是200多人同时上的，老师通常的讲课方式是满堂灌操作理论和操作方法，没有时间针对不同水平的学生做具体的实操辅导，因此很多学生在课程结束以后计算机水平并没有实际的提高。但是独自听完MOOC平台任意一门名校课程的学生，配合实践练习，必能取得很大进步。

平台上提供的课程并不是笼统地划分为学科大类，而是根据实际大学里学院的专业设置划分每一个学科的。比如经济管理门类下又细分为经济学、金融学、工商管理、电子商务、公共管理、管理科学与工程和创业等专业，完全是大学经济管理学院的专业划分。授课老师一般是由学科带头人进行课程绪论和大纲的详细讲解，相关教授和副教授进行具体的教学。MOOC平台的讲师多有着丰富的教学经验，如西安交通大学开设《大学日语》课程的4位老师全部是"十二五规划"日语教材的编写者。在中国大学MOOC平台上有很多位学问扎实、经验丰富的教授都开设了精彩的课程。

课程质量高

中国大学MOOC的课程基本都是各大高校强势学院精打细磨后推出的，在本校内已经由老师讲过很多遍，再由多位老师共同呈现在MOOC平台上。在同一门课程中，还会由不同方向的老师讲解自己最擅长的部分，保证了整个课程内容的最高水准。另外，在课程学习中，学生可以自由提问和讨论，保证了互动和参与性。

以文学为例,各大文科院校都推出了高水准的课程。如北京语言大学上线的《商务汉语(中国商务概览)》,是汉语国际教育学科内必须要学习的部分,这门课程不仅可供留学生学习汉语中的商务词汇和商务概念,还能给汉教专业的学生提供专业范例。南开大学是较早开设大学通识语文教学的学校,在著名学者陈洪先生的带领下已经形成了鲜明的特色和完整的体系,不论是中文系的学生还是理工科商科的学生都可以从这门课程中体会中国语言文化的魅力,提高自身的语言素养、审美能力,培养鉴赏古今汉语经典作品的领悟能力和分析能力。

几乎每所高校都推出了自己的优势课程,北京大学推出了强势的经济管理类课程,南京大学的哲学课程获得了极大的关注,复旦大学开设了多门医学课程,北京航空航天大学开设了机械课程,等等。

教师水平高

不论就读于哪一所学校,都不可能学习到国内所有高水平教师和学者开设的课程。但是,在中国大学 MOOC 可以以网课形式实现这一点。可以说,MOOC 平台的讲师或是有多年一线教学经验,或是走在学术研究的最前沿。

如山东大学开设的《〈文心雕龙〉导读》课程,授课教师是山东大学儒学高等研究院的教授、《文心雕龙》学会的副会长——戚良德先生。戚先生在中国古典文学学术研究界有着广泛的影响力。再如南开大学的《大学语文》,由长江学者陈洪先生授课，陈先生生动有趣的授课风格受到了学生的喜爱。

在 MOOC 合作院校一栏可以查看入驻老师，无论是北大、南大，还是浙大、同济，都有多位教授、副教授开设了课程。他们已经教学多年，积累了相当丰富的经验，选择任何一位老师的课程都一定会满载而归。

番外 优质的课程和高水平的老师呈现了最精彩的知识分享，这是所有知识分享平台和网课都想要达到的高度。专业的内容由专业的学者讲述，更重要的是获得这些内容的学生只需要付出时间和毅力，而不需要额外的高昂代价。虽然网络课程的学习会有着碎片化的问题，但是，线上学习更多的是便利且可以更好地抓住重点，掌握核心知识。

国内外交流，一网打尽

中国大学 MOOC 为学生搭建了完善的学科门类，开设了尽可能丰富的课程，邀请了资深的学者开讲。对于学生来说，只要想学习，就完全有机会学到精华知识。但是很多大学生都存在难以坚持自主学习的问题，况且线上学习具有自由度更高、自主性更强的特征。市场导向的知识付费平台也总想方设法为学习者提供尽可能有趣、轻松的学习模式。中国大学 MOOC 的内容和商业化的知识分享平台有着本质的不同，平台开发者认为，对于大学生来说，想要学习真正的知识就需要主动地思考和获取,而非被动地习得。中国大学 MOOC 确实对学生提出了要求。

广泛了解,谨慎选择

MOOC 平台的课程都会制作一个精美的视频介绍课程内容和授课老师,学生在选择这门课之前可以先通过视频介绍了解课程内容。每门课程都有详细的文字介绍,基础通识课程的课程介绍会给出课程内容的定位,专业理论程度较高的课程会给出详细的介绍和应用水平提示。

以东北大学《钢琴弹奏基础》为例,课程简介清晰地介绍了 7 周的课程会涉及的内容,从认识键盘和如何识谱讲起,包括钢琴弹奏基本方法、基本技巧以及钢琴音乐文化知识等内容。每个知识点既有系统的理论讲授,也有直观的弹奏示范和弹奏要点讲解。同时也指出了适用的学习人群,不仅满足零基础的钢琴爱好者,也适用于正在学习钢琴的学生进一步梳理和解决弹奏时存在的问题。

平台规定一旦决定选择某一门课程的学习就必须要坚持下来,按时完成老师所留的课程作业,参加结业考试并且拿到合格的分数才能获得老师签名的结业证书。中国大学 MOOC 是少有的会对学习者提出使用要求的平台,一般情况下知识分享平台只在意学习者有没有付费买课程,至于学习者有没有听完课程、有没有收获或是有什么进步则不在强制要求范围内。但是中国大学 MOOC 在后续的使用过程中提出了很多要求,这不仅是对学习者负责,也是对课程老师的尊重。

为什么而学习

中国大学 MOOC 线上课程向学习者提出"为什么而学习"的问题。是因为真实的求知欲而主动选择,还是在知识焦虑中的盲从?是因为迫切提升能力的动机,还是人云亦云的从众性?

很显然,MOOC 平台的课程学习起来心里没有很强烈的信息习得的快感,枯燥的理论知识需要学生静下心来认真做笔记,课程作业也不是马马虎虎就可以对付的。如果要学习一门全新的学科,巨大的陌生感还会不断增加学习压力,而且线下学习失去了班级的集体环境,很容易在学习瓶颈期放弃。

优质资源免费试用,想要学到这些知识需要学生自己坚持学习和认真对待。在无人监督的学习环境下,如何推动学习者真正独立地思考、主动地探求,是中国大学 MOOC 能够一直维持生命力的根本推动力。只有学生一直给出积极的反馈,不仅是几千几万的收看量,还包括大量的问题、有价值的反馈、活跃的讨论,等等,入驻的学校才能收集到学生大数据,更好地分析教学内容。

MOOC 平台无法决定学习者选择哪一门课程,也无法完全控制学习者必须学完学好,但是在课程的设置和开发方面做到了最好。不凭借营销,不依靠包装,专注做好核心内容,吸引真正有求知欲望和学习能力的学生。一方面要为平台的流量采用各种方法吸引新用户,一方面产品和课程健康持续发展需要的是用户的真实使用数据,这对于一个分享平台来说是很难取舍的,MOOC 选择了后者。

番外 对于一个内容分享平台来说,只有找准平台真正的价值和核心,才能不断打造出优质的课程。对于中国大学MOOC来说,紧紧抓住了"自主学习"这个核心,以高质量的课程吸引众多的学生,优秀的平台功能设计满足学习者在不同学习情景下的需要,为学习者构建起一个完整的线上学习环境。

他山之石——网课设计经典赏析

他山之石,可以攻玉。对于万事万物而言,榜样的力量都是无穷的,对于个人,在成长过程中可以从名人、伟人传记中得到精神的力量;对于一家企业,在不断发展壮大过程中总能够从大公司和行业前辈的经历中汲取经验。牛顿说过,他能取得成就很大程度上是因为站在了巨人的肩膀上。这样的道理,同样适用于想要涉足网课的各位开发者和设计者。知识付费市场非常火热,竞争也异常激烈。在如此纷繁复杂的环境下,仍然有很多生产优质内容的平台和课程,真正地进入了用户生活,成为他们终身学习的线上大学。通过梳理和分析这些成功网课的主题、课程内容设计等思路和方法,认真研究总结这些网课的成功经验,可以很好地帮助我们进一步熟知生产运作网课的规律。

转眼间知识付费已经走过几年,网络课程平台越来越多,课程内容也日益丰富,消费群体也在不断壮大。从2016年到2019年的各项数据来看,那些超级规模的经典课程案例依然震撼:2016年6月5日,得到APP上线的《李翔商业内参》,2天时间内订阅量超过了4000万;2016年10月,曾经的新东方名师、比特币首富李笑来在知乎举办的一场Live,参与人数超过10万,让我们看到了网络课程的巨大影响力和市场。

正因看到了网课如此客观的发展前景,2017年之后,各方资本纷纷跟进这个领域,喜马拉雅FM、蜻蜓FM、豆瓣时间、千聊、知识星球、荔枝微课、沪江网课等大大小小的平台分别推出付费或免费的线上课程。传统内容媒体和平台也纷纷探索新的模式,如虎嗅网推出了付费会员板块,《人物》杂志不定期开设付费课程讲授写作和采访。互联网用户也在付费知识的洪流里浮沉,渴望懂得多一点再多一点,学得快一点再快一点。与此同时,也有不少用户开始反思:线上的知识付费课程能不能教授真知?网课是不是只有包装好的心灵鸡汤和伪知识?在质疑声中，网课正在面临挑战。

但是，在知识付费机遇与争议并存的状况下，依然有课程脱颖而出，吸收流量的同时也收获了认可。不同类型的网络课程培植了自己忠实的粉丝社群，除了面向职场人士和大学生群体的技能课程，如商学、管理学、心理学、职业发展、自我管理等热门内容；一些兴趣类付费课程也悄然兴起，如音乐鉴赏、博物馆藏品讲析、天文学等比较小众的文化或理论课程也吸引了很多受众，给知识传播的途径增添了新的维度。网课的风靡，让学习不再是一场孤军奋战。因为知识共享课程提供的社群，把全网有相似兴趣和爱好的用户聚集在一起，让大家发现真正且真实的志同道合者。

下面，笔者就带着大家，通过分析不同领域里的网课的成功案例，分析提炼他们的设计思路，为未来有志于进行网课设计及讲授的同人提供参考。

叶小鱼《文案实战变现特训营》

在信息时代，如何做好营销是任何一个行业或领域都不能忽视的问题。一个好的营销方案，可以在很短时间内聚集起高度的关注，让产品的推广得到事半功倍的效果。文案在众多营销要素中起着至关重要的作用，一个出彩的文案，可以让一个营销方案瞬间抓住人们的眼球，它是生产深刻的印象的机器，可以快速而高效地提升产品的影响力。江小白酒、杜蕾斯的营销之所以令人拍案叫绝，每款产品所附带的经典文案功不可没。那些文案让产品的知名度大大地提升，巨大的经济效益自然随之而来。"江小白卖的不是酒，是文案"的论断在业界广泛流传。

除了传统的商品营销，在淘宝商店、自媒体运营上，好文案的需求量也是与日俱增，这使投入文案写作的人也越来越多。除了专职进行文案创作的从业者，还有希望通过文案创作兼职成为斜杠青年的群体，这便催生了旺盛的市场需求。针对如何提升文案写作水平的网课，也因此得到了很多人的青睐，他们不惜花费重金来向文案创作大咖学习，以提升自己的文案创作水平。而在众多教授文案写作的课程里，叶小鱼的《文案实战变现特训营》堪称范本。

主题直击痛点，令人惊喜

身处信息时代，人们的时间呈现碎片化状态，只想在有限的时间里做自己喜欢的事情是人们的行为常态。任何产品如若不能在短时间内吸引到受众，那么这些产品有很大概率会淹没在庞杂的信息潮流里。前文已有所提及，对于一门网课，主题的精雕细琢，是其能够存在的第一步，也是关键一步。网课主题的选择与拟定，要有根源，还要符合市场的需求，更要有自己的鲜明特色。成功的网课不仅有区分于其他同类课程的亮点，在主题的构思过程中还要注意调整，符合实际情况，且不能散乱，要是一个有机的统一整体。叶小鱼《文案实战变现特训营》的主题选择即符合上述要点。

文案的写作与创作有广阔的时长需求，出彩的文案尤其如此，它对于一个产品营销的成功至关重要。写一个文案不难，但是写出一个让人惊喜的文案却不是容易的事情。在叶小鱼《文案实战变现特训营》的主题中，"变现"二字最为吸引人的注意。在市场经济时代，经济效益是文案价值的最直接体现，也是文案传创的重要目的之一。同时，人们对于文案写作的学习很大程度也是为了能够给自己带来经济方面的收益，"变现"则是更为通俗直接的说法。"变现"直观地给出学习的目的和手段，通过文案写作实现利益最大化，最大限度地激发人们的学习兴趣。

叶小鱼《文案实战变现特训营》主题指定上拥有自身的亮点与特色。首先，先来看一下网课主讲人的行业战绩。叶小鱼，《新媒体文案创作与传播》畅销书的作者，资深文案专家、在行行家、多家企业营销顾问；1000万+粉丝公众号的操盘者，曾经让单品多赚23万元的文案优化师，曾任国内某知名大型便利店连锁品牌线上营销负责人，从0到1做微信公众号，做到1000万粉丝；拥有多个10万+互动案例，曾经通过营销文案，为一家企业带来80%加盟客户。从这些闪光的行业履历，可以看出叶小鱼在文案创作界积累的人气与名气，而这些都是可以直接拿来作为网课宣传噱头的现成素材，收效不言而喻。其次，特训也是这门网课设计的一个精心之处，人们往往对于"特训"二字有种特殊感受，它代表了高强度、高效率、高收益等众多用户渴求的学习效果，尤其在当前快速化的生活和工作节奏下，人们总希望能够在最短的时间达成自己的目标和愿景。经名师之手，以特训的模式，实现快速的变现，这是人们最希望看到的。这个主题的设计直击了现代用户的求知痛点。

> **番外** 主题，是网课设计的第一步，也是奠定基础的重要环节。如能把握准市场需求，有针对性地展现自己的特色，那么网课设计就迈出了成功的第一步。

循序渐进，助小白成为老手

在网课的整体课程设计上，《文案实战变现特训营》虽名为特训，但实质仍然要遵循渐进式的授课规律。但在具体操作层面，又与其他课程截然不同。如在课前预习阶段便直击学员内心，"会写文案的人，一字千金""如何系统搭建知识新体系，成为月入3万的文案高手""学员成功案例分享，0基础小白也能快速上手写文案"。这些话语在开课之初便给大家描绘出一个美好的愿景，告诉用户即使基础差也可以成为文案高手，吸引每个听课的人建立信心并对接下来的学习过程满怀期待。

整体结构简明扼要，逻辑清晰。课程分为三个大的阶段，分别是基础篇、进阶篇、变现篇。在基础篇的课程内容里，给文案小白提供几个快速入门的固定套路，让其对文案有基本的感知和好恶，对于什么样的文案是好的，什么样的文案是不好的能有清晰的判断，"手低"不要紧，先做到"眼高"。通过对一个海报文案做拆解，让学员自己体验文案的优劣并提出优化建议。此外，通过留作业的方式，引导学习者进一步夯实学习的内容，为进阶做好准备，包括用简短的语言做一个包含自身特点的自我介绍文案，做一个海报文案，做一个朋友圈文案等。在进阶篇集中发力，给出一个能够将产品卖爆的文案思路和系统思维方法。有了对于文案的基础了解及常规套路，距离创作一个好的文案，还有一定的距离。因此，需要通过更加深入的学习总结，让思维方式系统化。在这一阶段，如何切准用户需求、如何挖掘故事素材、如何拟定吸引眼球的标题、如何拟定内容框架、如何进行结尾才是课程的干货所在。在最后的变现篇，课程将重点放在文案修改、营销心理学以及案例分析几个方面。这个阶段是升华阶段，主要是让学员融会贯通，提升领悟。并且还给予了一些实战案例作业，让学员通过做这些实战作业赚到真金白银，直接入场感受"变现"。总而言之，整个课程的设计，是比较科学合理的，把握住了文案创作的脉络，让人们在每个阶段的学习过程中，都能够了解到当前内容的内在逻辑与下一步的计划，做到心中有数，从而能够更好地提升学习成效。

番外 内容设计是网课能否吸引受众，让其坚持学习下去的重要因素。作为一门成功的网课，其内在逻辑必然是科学的、循序渐进的，让人学有所得，从这一点来说，《文案实战变现特训营》值得大家学习。

干货满满,让人大呼过瘾

对于任何网课来说,干货是否充足,永远是判断其是否拥有价值的第一要素,尤其是技能培训及提升类课程,更需要干货满满,让人觉得物有所值。《文案实战变现特训营》的内容,是十分让人满意的。

如基础篇中,关于自我介绍的课程把重点放在找准定位,让客户自动找上门来。《文案实战变现特训营》提供了一个工具模板,学员只需要用这个工具对自身优劣势进行总结,就可以快速明晰地找出个人的品牌特色。这个方法是普适的,在以后任何需要自我介绍的环节中都可以运用,这让学员感觉受益甚多。

在进阶篇中,每一个知识点都给出相应的解决方案的模板。如针对如何切准用户需求,为学员提炼了三大绝招,旨在帮助学员深挖产品的卖点。创作好的文案,就需要对产品有充分的认识,尤其是这些产品身上有哪些卖点,深挖这些卖点,离不开对产品和用户需求的洞察力,离不开对同类竞争性产品的分析,知己知彼,把握准产品中的差异性,将其与众不同之处表现出来,方能让文案拥有有趣又有用的灵魂。此外,从标题的拟定到内容框架的梳理,全面而立体地传授人们打造一个爆款文案的脉络。亮眼的标题是吸引人们目光的关键,通过总结众多爆款文案,将标题提炼出了三种套路,为学员省去了大量时间、精力。在文案内容写作上,通过案例的拆解分析，总结出相应的模板和框架，给学员建立文案的骨架感。从如何吸引用户，到如何抓住消费者心理，再到如何说服客户埋单，给出具象的方法和技巧，有血有肉地生动地完成文案变现的特训课程。让每一个学员在学完之后，都对文案变现成竹在胸。

番外 作为技能提升类的网课，必须做到言之有物，拒绝鸡汤。《文案实战变现特训营》以循序渐进的方式，在重点内容上发力，先让学员有整体的概念后，再对关键环节进行重点突破，课程紧凑、充满干货。

《乘风高考语文》——只为提分而来

高考，是每一个中国家庭无法回避的话题，是每个人人生的重要节点。高考成绩多出一分，就是为自己的前途多添一点光亮。因此，在众多网课中，与高考有关的学习与辅导类网课层出不穷。高考语文的网课里，《乘风高考语文》受到广大学生和家长喜爱和认可，可以说是大浪淘沙后的胜出者。

课程主题直击受众痛点

《乘风高考语文》直接抓住考生和家长的心理——"提分"。在课程开始之初，乘风语文便告诉众多考生：高考语文达到130分并非不可能的事情。

紧接着,《乘风高考语文》从三个角度给出考生努力的方向:如何夯实基础;如何规划考试策略;如何使用技巧。提出一系列在高分段抢分的方法和要领,并建立考生的信心,告诉他们,只要按照课程教授的方式方法复习,就有机会将语文成绩提升到一个新的高度。通过语文成绩增添竞争的砝码,考上理想的大学不再只是梦想。

番外《乘风高考语文》课程的主题是非常明确的,通过独特的方式方法,激发学生对于语文学习的信心,夯实他们的基础,帮助他们掌握语文考试技巧。这与学生及家长的心理和现实需求极为吻合。因此对他们而言,这门课程有极大的吸引力,他们非常乐意为这样的课程产品付费。

只留干货!一切围绕主题服务!

在很多网课的教授过程中,老师们为了活跃课堂气氛,凑足时长,经常会讲述一些段子来让学生放松精神。很多老师还因为自己教学的火爆片段成为网红。当然每个老师都有自己的一套教学方式,只要学生最终接受了,便是成功。但讲段子这样的情形在乘风老师的高考语文网课中是不存在的,这个课程的一大特点,便是不讲一句废话,一切都是围绕提分展开。

课程每讲述完一个知识点,便组织学生刷题,趁热打铁地将刚刚讲到的知识点夯实,用实战来验证教学成果。在课堂的讲述中，虽没有段子，但老师的整个课程讲述都非常有激情，让学生觉得知识点并不乏味。提分干货快速而直接地进入学生的大脑，最终达到提升分数的效果。

《乘风高考语文》的刷题不是机械的。"听懂不等于会做"是老师一致传达给学生的理念。讲授方式方法只是课程的起步，从真题中提炼的方法在更多类型细分中的应用才是乘风语文的拔高。通过不断的训练，让每个解答方法都内化为学生的本能，这是乘风语文的撒手锏。

番外 对于高考语文辅导教学类网课而言，是否干货满满，能否提高分数，是其能否得到学生认可的关键。考生的时间是宝贵的，鸡汤、假知识，在考试分数这把检验尺下无所遁形。只有能助力分数提升的教学内容，才能够真正赢得市场。

持续变现——口碑累积效应凸显

对于高考这样可以量化的领域的网课而言，分数就是检验网课成效的硬标准。学员的好成绩让《乘风高考语文》的粉丝聚集度越来越高，在业界拥有了良好的口碑。老师与更多学生的深入互动，在帮助学生提分的同时，拓宽了老师对学生学习痛点难点的了解面，有利于《乘风高考语文》的课程优化，进而打开了多赢的局面。

《魔力耳朵》——聚焦儿童英语听写能力

"不让孩子输在起跑线上"不仅是众多父母的共识,也几乎成了所有焦虑的源头。因此,在孩子刚具备学习能力的时候,家长们就对各种培训跃跃欲试,英语课程是他们绕不开的话题。这样的消费心理和市场土壤让英语培训类网课在整个网课市场占据了相当大的比例。很多培训机构纷纷开设儿童英语培训网课,不同形式和形态的网课让这个市场迅速变成红海,《魔力耳朵》恰恰在白热化的竞争中脱颖而出。

课程体系贴合实际

课程设置理念是《魔力耳朵》赢得市场的关键。英语是国际化语言,语言的背后是信息的沟通和文化的交流,因而家长让孩子接触英语的目的就非常明确,他们希望孩子通过英语学习可以与更广阔的世界沟通,为以后的发展打下更为国际化的基础。而现实情况是,儿童的年龄尚小,他们不懂得学习的意义和家长的苦心。《魔力耳朵》将上述两点很好地结合,设计出非常有针对性的课程体系。《魔力耳朵》的课程内容设计及教材全部改编于《剑桥少儿英语》,充分保证了英语教学的国际化视野,满足家长报课的需求;教材在改编时,还结合了国内的新课标及各年龄段学生的学习特点,实现了本土化,契合了孩子的实际情况,最终形成了一个完善的课程体系。

《魔力耳朵》采用分级设计,将一个孩子4岁到12岁的英语学习规划展现在大家的面前。学生除学习网络课程之外，课程还设置了配套的跟读训练营。通过这个辅助训练，学生的发音可以得到纠正，同时保证每天的朗读量，培养语言的感觉。

番外 儿童学习英语，课程设计需要紧密贴合实际，一是要贴合儿童学习特点的实际，二是要贴合国内教育环境的实际。《魔力耳朵》在这两方面的做法是值得称道的，遵循着因材施教的理念，将内容进行了科学合理的分级，在课程设计上，给予了学生明晰的规划，并且是基于国际知名大学教材标准研发，融合了国内教学考核要求，十分贴合中国儿童的实际需要，给儿童英语网课的课程设计做出了良好的示范。

有声有色，课堂气氛活泼

《魔力耳朵》的教师都是外教，对于孩子们而言，能够和外国老师面对面地进行沟通和学习，是一件非常新鲜的事情，可以大大增加他们的学习兴趣。外教的性格一般也非常活泼，会在课程中融入很多做游戏的环节，用良好的课堂气氛将学生的注意力牢牢锁定，以达到教学目的。

据美国华盛顿大学的研究表明，没有真人老师的互动，是学不好一门语言的，尤其是语言当中的语法和表达。《魔力耳朵》以直播的形式提供互动课堂，孩子们的发音错了，可以得到及时的纠正,表现好的时候,会得到表扬,哪怕是穿了一件漂亮的衣服,都可以得到老师充满情感的反馈,这些不仅仅是语言知识本身的传播,更是英语文化的一种自然表达,是最实实在在的交流。

番外 对于儿童的学习,如何保持课堂的吸引力,集中儿童的注意力是网课需要解决的一大难题。教学过程有声有色,引入互动环节,让小朋友们之间形成良好的竞争,是《魔力耳朵》网课设计的一大亮点,在气氛活泼的课堂上,学生的学习效果会大大增强,这对于儿童学习类网课的设计是一个启示。

干货!网课的核心竞争力

对于任何一节网络课程而言,是否具有干货,永远是检验其核心竞争力高低的试金石。网课的主题新颖,扣人心弦,可以吸引更多的受众;网课有声有色,气氛活跃,可以提高受众的注意力;但是网课的口碑如何、效果如何,未来发展持续能力强弱,就必须要依靠干货。

《魔力耳朵》的课程设计显然对这一方面非常关注。在课程设计中,《魔力耳朵》秉持了小班教学的方式。学生太多,教师关注力不够,不能让每个学生都得到充分的关注。学生太少,如采用一对一教学方式,学生的学习兴趣会减弱,不利于注意力的集中。《魔力耳朵》是一对四教学,让学生之间有互动,有竞争，保持充足的动力和积极性。对于表现良好的学生，会给予奖杯或者奖品的鼓励，这对增强学生信心也是异常重要的，有利于孩子的全面成长。如分组 PK、飞行棋闯关等设计，可以让学生在竞争中成长。

《魔力耳朵》的课件制作是又一大亮点。如以自然拼读课为例，其用动画展示出一个大自然的场景，里面有草原、狮子、树木，并且将涉及的单词和字母很明显地标识出来。其中增加了很多有趣的动画，让小狮子的尾巴摇来摇去，让小猫咪左右晃动，趣味性十足。在课程设计上，会让学生单独在页面说话、唱英文歌、写字母、跳字母操，这些课程设置上的干货能够让学生深深地爱上这个课堂。

番外 针对学龄儿童的网课，想要获得更好的效果，首先就要对主题和课程设计有精心的雕琢。只有把握准受众的需求脉搏，才能让他们觉得学有所值。《魔力耳朵》的课程设计，掐准儿童阶段学习英语的要害，且不死板地沿用国外的教材，紧密贴合国内的现实教育情况让其教学成果更具有延续性。

《理财实战课：用基金定投赚足钱》——告别穷忙

古人经常说，勤劳致富，这一点放在今天仍然是非常适用的。但是在具体表现上，与过往也有所不同。过去的勤劳，很大程度上讲的是身体的勤劳。而现在身处信息时代，致富的手段也开始多元化，这时候更需要的是脑子的勤劳，利用知识来积累财富。理财的观念已经深入人心，所谓"你不理财，财不理你"。理财已经成为当代人不能缺少的技能之一，各类教人理财的网络课程，便应运而生。

"基金定投赚足钱"——一个赚足眼球的网课主题

《理财实战课：用基金定投赚足钱》，作为众多理财网课之一，因其精心的设计，成为很多人的心头爱。首先在主题选择上，便能够将人们的眼球牢牢吸引。人们对于金钱的需求，是一个现实而永恒的话题。如何让自己的财富通过正常的渠道得到积累和提升，是萦绕在人们心中的碎碎念。而靠节俭增加财富，会影响自己的生活质量，靠加班来增加财富，无形中会消耗自己的身体健康。只有学会聪明地理财，让理财帮助我们增加财富，才能更好地改变自己的命运。用最为常见的基金定投模式，就可以让人们将所需要的钱赚足。因此，在主题选择上，这门网课已经成功了。

人们总会认为，理财其实跟存款并无两样，不需要掌握什么高深的知识和技术。股票虽然可以有很高的收益，但是需要冒很大的风险。基金定投，是一个相对稳妥的方式，也是大家比较熟悉的方式，但收益率不高。用基金定投就可以赚足钱，冲击了人们的固有思维，产生了想要学习的欲望。

> **番外** 赚取眼球的主题,是网课吸引人们学习的第一步。《理财实战课:用基金定投赚足钱》选择具有广阔市场需求的理财赚钱作为主题,并且细分为采用基金定投的方式,是具有眼光的一个选择,很容易吸引人们的注意。

课程紧凑,如何学习一目了然

在课程设计上,分11天11课,用众多疑问句作为课程的分篇章,让人们充分了解基金定投如何帮助你实现财富的积累。如在第一天,课程就明确提出,让钱为你打工,基金定投是必修课,开篇立言,将基金定投的地位充分拔高。并且"傻定投VS科学定投"这个标题很吸引人,尤其是使用过基金定投理财的人们,反思自己曾经使用的方式方法是否是错误的,是否能够通过这个课程来纠正,让人们对基金定投有了更为清楚的认知,也更有兴趣完成之后的课程学习。

之后,课程为学员详细讲解基金定投与市场波动的关系,加深人们对基金定投理论层面的理解。在为学员讲授理论知识后,立即转入实际操作环节,到哪里购买基金?如何选择产品?如何换算具体理财目标所需的定投金额?如何组合基金定投?这些都是人们在实际购买基金过程中经常会遇到的问题。《理财实战课:用基金定投赚足钱》对此没有一丝拖拉,简洁明了地将问题抛出,并科学合理地解答,让人们一目了然。

实操是总结，包括对于收益率应怎么看待，对基金定投做不好的原因剖析，对止损时机的选择把握，对个性化理财规律的熟悉，对不同操作方法的合理选择，等等。

总而言之，《理财实战课：用基金定投赚足钱》的课程设计逻辑思路是非常清晰的，内容设计符合受众的心理，多次运用提问题、做解答的方式来定位每节课程的内容，充分吸引人们的关注，用较短的时间让人们对课程的核心内容有深入的理解和把握，切实为受众理财能力的提升提供帮助。

番外 课程的设计，是网课能够得到人们关注，引起人们兴趣的关键点。在正式进行某项网课学习前，人们都会对其课程框架进行预览，预判自己在课程中能够学习到什么知识，需要花费多少时间，因而课程是否紧凑、内容框架是否有充分的吸引力，是人们买课的重要依据。《理财实战课：用基金定投赚足钱》的课程设计，值得借鉴。

提炼干货，助你成为理财好手

学习理财的课程，没有干货是没有市场的，没有干货就无法得到人们的信服。《理财实战课：用基金定投赚足钱》则在如何帮助人们成为理财好手上，提供了很多的干货。

比如在课程的实际操作教学环节，一连抛出了几个疑问：去哪里购买基金？如何选择产品？想要达到换车、养老的目标，需要定投多少？并且每个问题自成一个章节，用非常平实的语言,为受众分析和解答这些问题。去哪里购买基金,就需要知道哪些平台是安全的。购买基金,就一定会涉及手续费,若是有一定的方式可以将手续费做到最省,那么长期积累也是一笔不小的数目,课程就为人们提供了这方面的干货,总结出几大合理科学节省手续费的方法,让人们在实际操作中有法可依,通过节流积累财富。人们购买基金,往往会选择一些基金公司,但是也害怕承担一定的风险,一旦基金公司跑路,会给自己造成巨大的损失,这个课程有理有据,十分详细地回答了用不用担心基金公司跑路的问题。在如何选择定投产品上,《理财实战课:用基金定投赚足钱》的内容也一针见血,直击要害。把股神巴菲特的理论中国化,以翔实的数据为依据为人们总结出科学选择基金的四步方法,让人们掌握理论,提升自主选择的能力。

总体而言,《理财实战课:用基金定投赚足钱》并非只是想夺得人们的眼球与注意力,而是真正地在干货上做足了文章,旨在教给人们实实在在的基金定投方法,让人们学会管理与积累自己的财富,这是人们喜欢这门网课最为关键的一个原因。

番外 正如本书反复强调的,不管网课的主题多么精彩,课堂的讲述是多么有声有色有趣,想要成为一门成功的、受到大家喜爱的网课,"干货"永远是不能失位的,这是一门网课的灵魂所在。

后 记

网课是知识付费市场最重要的一种形态,已经走过几年历程,各平台的课程门类建设已经相当齐备,一些经典网课在互联网学习领域掀起了很大的波涛,越来越多的手中希望有高质量的网课上线。

网课的风行是移动终端的快速更新迭代所促成的终身学习方式的必然要求。受限于线上课堂的形式,网课最突出的特点就是在较短的时长里传递精华内容,主题必须突出,内容绝不可泛泛而谈,信息的传递一定要精准具体。进入了 UGC 的时代,只要有才华,人人皆可是大咖。线上涌现出很多草根创作、构思精巧、趣味十足的课程,经由互联网的发酵传播,成为知识付费领域不可小觑的现象级范本。经过几年的发展,网课的发展态势呈现出内容下沉、授课方下沉和用户下沉的特点,这也为行业带来了更广阔的发展空间。在内容下沉方面,网课内容不再带有传统教育给人的"阳春白雪"的印象,下沉的内容使网课涵盖了更多受众更广的通俗内容,且内容本身及其表现形式更加多样化。在网课的世界里,内容没有高下之分,满足用户需求、解决用户问题且合法合规的内容就是好内容。在授课方下沉方面，授课方也摆脱了必须听起来"高大上"的形象包袱，越来越多类型的知识生产者加入网课从业者大军。由于社会圈层差异的存在，许多圈外人以为不知名的授课方，可能是其圈内有影响力有号召力的大咖。在用户下沉方面，网课市场已由一二线城市向下渗透，到达三四线城市。早在2016年，知识付费刚刚兴起，互联网圈内人士预判，网课的商业模式是以一二线大城市为主的。但经过几年的发展，当前的网课已是由三四线城市用户为主，并还在继续"下沉"。

网课的逐渐兴起，很大程度上缓解优质教育资源紧缺的困境。当前教育资源配置均衡问题已经由是教育问题升级为社会问题，人们对教育的需求也从"能上学"转变到"上好学"。教育公平是社会公平的底线，农村孩子弃考传递出一个信号：底层上升通道受阻，社会阶层固化趋势加剧，贫穷将会代际传递，一代穷世代穷。推进城镇化重点是人口城镇化，阶层固化阻碍了农民变市民，将给经济社会转型带来冲突和风险。从这个意义上讲，促进教育公平，让每一个孩子享有平等机会，才能缩小城乡差距、促进社会公平。这方面国家也大力推举各类政策予以解决，比如在义务教育阶段，全部免除城乡义务教育阶段学生的学杂费和书本费，同时为农村家庭经济困难学生提供寄宿生生活补助，坚持以公办学校为主、以输入地为主，对农民工子女接受义务教育实行与当地学生同等对待的政策，进一步健全农村留守儿童关爱服务体系。但教育的本质不在于考试、学校等各种外在因素，而是由不均衡的教育资源配置所造成。

由于中国区域经济发展差距问题及优质师资稀缺等问题，农村和偏远地区仍旧师资力量薄弱的问题长期存在。而随着互联网的普及，在线教育似乎为教育公平带来了新的解决方案。在线教育虽然不是万能神药，但确实是"科学合理地配置有限的优质教育资源，促进教育公平"重要手段之一。通过优秀教师的线上课堂讲解，可以使得不到优质教育资源的学生，享受到一部分互联网时代的教育红利。

在刚刚过去的 2020 年，大部分机构受到新冠肺炎疫情的冲击，临时抱佛脚，急需开辟一块疫情期间的生存空间。通过线上课堂收费或消课，用来缓解线下课程的损失。我个人的建议是可以尝试线上课。因为对于很多培训项目，是没办法做有效的线上课，比如舞蹈、体育、美术、器乐等需要现场示范，或者肢体接触矫正的课程。所以就目前的技术来说，即便是可以做到立体影像技术，中小学阶段的线上课程也基本没可能取代线下课程。但在线教育也有自己的发展趋势，就目前而言，教学形式上，直播互动、录播课都是已经是有比较成型的体系，更深入一些的未来发展趋势应该是 VR 互动的模式，这个现阶段技术还并不成熟。至于教学内容上，不同学科研究的方向不一样，但是都在往更容易让学员吸收，接纳的方向上进行教研开发。个人觉得，当文化课真的可以找到摸索出一套更容易让学员吸收接纳的教学模式的话，很有可能以后就没有任课老师，而都会变为助教老师。上课的课件会是统一的，就像课本一样，这样能更高效的让学生学习到知识。

随着5G时代的到来，网课市场将会迎来井喷式的发展，提供给内容创业者的机遇也将会更大。5G互联最大的优势是信息迅猛最大化，网速越来越快，信息的更新速度也势必越来越快，尤其是手机端的信息刷新。网课在2016年到2018年的发展期间，其本身具体最大的亮点就是便捷，用户通过手机端进行碎片化学习，5G技术将直接导致信息以光驱的速度呈现到更大的市场，面对更大的市场和优势，各位从业者更应该把握好这次机会，利用高价值内容来抢占市场先机。创业者必须要依靠互联网这个大平台来被大众认可，经过几年的发展与规范，同质化内容现象严重已经淘汰部分网课从业者。对于内容创业者来说，打造有调性的品牌精细化内容，才是现下满足用户需求的最基本条件。而"垂直课程领域，细分课程内容"将是网课下一步发展的大势所趋。品牌黏性、平台认可度，都需要通过有价值的内容传递来实现。总之，5G时代，是信息分享更快速的时代，对于网课从业者而言，也是一场激烈的角逐战。